I0484250

# Celebridad Instantánea

## Conoce los secretos para convertirte en el experto #1 en tu nicho de mercado

Álvaro Mendoza
Luis Eduardo Barón

Diagramación
Giancarlo Rodríguez

Corrección de Estilo
Begoña Martín Baeza

Copyright 2014 Barco Enterprises LLC

Impreso por CreateSpace

Prohibida la reproducción total o parcial de este libro. Prohibida la exhibición de este libro en cualquier plataforma digital sin autorización de los autores.

# Índice

# Lo Primero
# Que Debes Saber

El libro que tienes entre sus manos es muy especial. Durante los últimos años hemos decidido hacer cambios en nuestras carreras, en nuestra forma de posicionarnos y logramos crear un sistema que nos ha ayudado a convertirnos en celebridades en la industria del Marketing y los Negocios por Internet.

Miles de personas en el mundo de habla hispana quieren llevar su mensaje, desde el ama de casa que desarrolló una forma de organizar su vida, hasta profesionales o empresarios que quieren con su experiencia cambiar la vida de alguien.

Tu puedes saber algo más que otra persona que daría lo que fuera por ese conocimiento, pero quizás no te has dado cuenta.

A través de consejos y experiencias personales, en este libro te enseñamos cómo  convertirte en una Celebridad en tu nicho de mercado. Las estrategias más eficaces, los modelos de venta, el marketing, la venta de libros, la elección de precio para los productos, las redes sociales…y otros muchos temas clave para mejorar su negocio y transformarle en un verdadero experto en su área.

Nuestro programa Celebridad Instantánea ha logrado cambiar la vida de cientos de personas en todo el mundo. Casos de éxito maravillosos, desde agentes de bienes raíces, personas de multinivel, hasta magos o maquilladoras. Si deseas más información puedes  visitar www.CelebridadInstantanea.com allí encontrarás la información necesaria.

Este libro no tiene como objetivo dar respuestas a todo, pero da la mayoría, y te invita a hacerte las preguntas correctas para progresar en tu vida laboral. Nuestra meta es que toda persona que se acerque a "escuchar" este mensaje termine su lectura con la certeza de que él también puede ser un experto.

Al final, todos somos expertos. Cada uno en lo nuestro. Pero a veces necesitamos que alguien nos lo recuerde para dar el primer paso.

# Las 5 Ps de Posicionamiento

*Por* Álvaro Mendoza y Luis Eduardo Barón

Cada año la industria de los expertos está generando millones de dólares. Conferencistas, autores, escritores, coaches, consultores, profesionales independientes, personas que trabajan por Internet o por multinivel, dueños de empresas, todos están usando el Internet para poder llevar su mensaje.

En este libro queremos mostrarles cómo tu puedes lograr convertirte en una Celebridad, en el experto #1 de tu nicho de mercado.

Y todo esto se reduce a lo que nosotros llamamos las cinco P del posicionamiento personal.

Empecemos con la primera P, plataforma. La primera P es la P de **plataforma** y la plataforma comienza con algo elemental, llamémoslo así, que es nuestro sitio web, aquella página que nosotros utilizamos para poder comunicarnos con el mundo.

Recuerda que esa es la primera impresión que tiene el cliente cuando llega a ti. Es la página, como dices tú, que nos convierte a nosotros en una autoridad. Es esa forma que tenemos nosotros para poder enviar información de contenido, de valor, a nuestros seguidores.

Pero aquí hay un punto importante: la gente que nos visita debe tener alguna forma de comunicarse con nosotros y de nosotros saber quién lo está haciendo. Por eso tenemos la página de captura, esa página que nos permite a nosotros gestionar las listas con la información valiosa, que es lo que llamamos un autorrespondedor, para poder después establecer una relación de contacto con nuestros prospectos o posibles seguidores.

Ahora, un sitio web también cumple otra serie de funciones. Así como es ideal para hacer prospección con estas páginas de captura, es el lugar ideal donde nosotros podemos establecernos como autoridades en la materia y lograr un proceso de convertir a un desconocido en un amigo, a un amigo en un cliente, a un cliente en un cliente que me compre una y otra vez, para que después se convierta en evangelizador de nuestros productos y nuestros servicios.

¿Cuál es la mejor forma de hacer esto? Es un hecho que la gente, cuando compra algo por Internet, compra solamente a aquellas personas o empresas en las cuales ellos confían, y nuestro sitio web básicamente lo que está haciendo es cumplir con esa función de generación de confianza y credibilidad.

¿Cómo lo podemos lograr? Compartiendo contenido de alto valor, de interés directo hacia las necesidades de nuestro público objetivo, lo podemos hacer de múltiples formas y publicarlo en ese sitio web. Lo podemos hacer en forma de artículos, lo podemos hacer en la forma de audios, de podcasts, de videos, de prospectar para teleseminarios que hagamos, y eso nos va a generar esa fidelidad, esa confianza y esa credibilidad para que la gente vea que efectivamente somos los expertos que decimos ser.

Adicionalmente a eso, en nuestro sitio web es donde se van a hacer las transacciones comerciales. Es decir, allí es donde vamos a tener nuestras cartas de venta o páginas de persuasión, de tal manera que desde allí es desde donde se inicia realmente el proceso de venta de uno, dos, tres, cuatro o varios de los productos de esa suite integrada de productos que debes tener y que verás más adelante en este libro.

Otras plataformas son las redes sociales, muy de moda actualmente. Todos los días salen nuevas redes sociales y por eso es importante saber exactamente para qué las vamos a usar. Debemos de estar en redes sociales como Facebook, Twitter, YouTube, Pinterest, LinkedIn, Instagram y tantas otras que existen, dependiendo de cuál es tu objetivo.

Lo más importante de una red social es saber cuál es el propósito que tú tienes con ella: si tu propósito es de comunicación con tus clientes o si es básicamente de venta. Básicamente nosotros pensamos que es de una relación que debes de tener de mandar información, de tener contenido, de tener un contacto mucho más estrecho con tus seguidores.

Además se puede convertir en una fuente muy interesante de tráfico para tu sitio web, porque aquí viene la otra parte importante de la plataforma: tú tienes que tener una estrategia de mercadeo definida para poder saber para qué vas a usar tu página web, tus redes sociales y todas las otras plataformas que te vamos a comentar en esta P de plataforma.

Una cuestión que es fundamental es la estrategia de marketing. A lo que queremos llegar con esto es a que no es tener un sitio web por tenerlo, no es tener un autorrespondedor por tenerlo, no es estar en Facebook, Twitter, Pinterest, Instagram y todo ese tipo de plataformas por estar, porque está de moda, sino que tienen que estar todas enmarcadas dentro de una estrategia de marketing.

De hecho, para muchos profesionales no cobra sentido que le pongan tanto énfasis a una red social cuando le deberían estar colocando más a otras cosas. Entonces, lo único que uno logra determinar es que a lo que le tengo que estar dedicando más tiempo de educación y esfuerzo es cuando yo sé exactamente cuál es esa estrategia de marketing detrás de toda esta plataforma, llámese sitio web, redes sociales o cualquier otro mecanismo que tengamos para tener nuestra plataforma.

Hay plataformas como los eventos. Eventos pueden ser eventos presenciales o eventos virtuales. Los eventos presenciales pueden ser seminarios, talleres, conferencias, etc. De hecho, el único evento en español donde se habla de cómo puedes tú convertirte en una celebridad en tu nicho de mercado es Celebridad Instantánea en Vivo, un evento de dos días que se realiza en varios países con instructores certificados que llevamos el mensaje contenido en este libro y el curso del mismo nombre. Tu puedes ver más en www.CelebridadInstantanea.com/curso

O también los eventos virtuales donde podemos ver los teleseminarios, los webinars, los hangouts, que son muy populares en este momento, o las transmisiones, lo que llamamos streaming, para que tú puedas realizar estos eventos a través de la red y que muchas personas lo puedan ver. ¿O por qué no? Convertirte en un canal de televisión y tener tu propio show.

Ya que estamos hablando de show y hablamos de eventos y todo, desde luego aquí viene una parte importante, que son los videos porque, si tú sabes hacer videos bien, desde luego van a tener mucho más impacto.

Aquí vienen dos puntos importantes: la parte técnica, es decir, todos los equipos que debes tener, las luces, las cámaras, tantas cosas como las que tenemos en este momento; pero la otra parte, el otro componente importante, es la psicología que debes usar para tener los videos y para persuadir la venta, porque no solamente la venta es de productos sino de ideas o de conceptos.

Esa relación que debes tener con tus clientes, con tus prospectos, debe tener una psicología para que tú puedas comunicarte más fácilmente con ellos y hacer llegar tu mensaje.

### Producto

Pasamos ahora a la segunda P. La segunda P tiene que ver con todo lo que tiene que ver con el producto. Tal y como te lo mostramos en el video anterior, es bien importante que tengas una suite integrada de productos y una manera de ascender a tus clientes en niveles de precios, en niveles de tipo de prestación de servicio que les estás dando. Esta parte es crucial y queremos recalcarla y volverla a recalcar. porque el peor enemigo de cualquier empresario es el número 1, es decir, tener un producto, un proveedor, una fuente de tráfico, un sitio web, etcétera.

Pero en el contexto de esta P, tienes que crear tu propia plataforma de productos, tu propia suite integrada de productos.

Y no solamente eso, sino saber lanzar tus productos, porque esa es la otra parte, el otro componente de la P de producto. Cuando tienes esa plataforma de productos, esa suite integrada, tienes que ver cómo creas tu estrategia de lanzamiento, y no solamente es el lanzamiento sino qué hay detrás de él, cómo puedes captar esos prospectos que se están convirtiendo en clientes y poder después meterlos en un embudo de ventas para poderles vender una y otra vez otros productos, porque esa es la clave de la venta. La venta no se hace en la primera venta, sino que se hace en las ventas posteriores.

Hay algo que debes grabarte en la cabeza: primero pregúntate —y trata de contestarlo de la forma más honesta posible— cuál crees tú que es el objeto de una venta. ¿Tú para qué estás tratando de venderle algo a la gente? ¿Cuál es el objetivo de lograr una venta? Muy seguramente me dirás que obviamente el objetivo de hacer una venta es generar dinero. Nuestra filosofía es completamente diferente.

Nuestro objetivo al lograr una primera venta a una persona que nos compra por primera vez es lograr un cliente porque, una vez que tenemos a ese cliente, ese es el momento en que lo podemos fidelizar, nutrir, para que nos siga comprando productos subsiguientes de nuestra suite integrada de productos.

El dinero, el verdadero dinero en los negocios, no se hace en la primera venta. De hecho, en la primera venta aun puedes perder dinero o puedes ni ganar ni perder pero tú ya sabes que, si tienes un buen sistema de marketing y tienes unos buenos productos y la experiencia pasada o previa o primera que tiene la gente con tu producto es buena, te van a seguir comprando por mucho tiempo.

**Publicaciones**
Pasemos a la tercera P. La tercera P habla de publicaciones. La parte de publicaciones es bien importante, porque es todo lo que tú publicas, lo que haces público. Puedes colocar artículos en tu blog, puedes colocar audios, grabar videos, podcasts, crear reportes, generar contenido para tu página web. Te conviertes en un autor. Recuerda que la palabra "autoridad" viene de "autor". O sea, cuando tú tienes esa autoridad es porque has publicado cosas y aquí viene otra de las plataformas más importante que tenemos en estas cinco P de posicionamiento personal: un libro.

Cuando tú te conviertes en un autor y escribes tu libro, ganas autoridad, ganas credibilidad. Por eso es importante escribir un libro, publicar el libro y no solamente eso sino tener la estrategia para poder convertirlo en un best seller.

Cuando tú colocas un libro por ejemplo en una plataforma como Kindle y lo posicionas como el número 1 y después haces toda la estrategia y lo sacas físicamente, estás convirtiendo ese libro en una tarjeta de presentación que te va a abrir muchísimas puertas y, desde luego, te va a posicionar en ese nivel que siempre has querido tener: celebridad, la persona que más conoce, el referente de la industria o de ese sector, de ese nicho de mercado.

Esta parte es crucial y, en este punto, nos gustaría hacer una diferenciación entre este tipo de libro de que te estamos hablando, cuyo objetivo final es el posicionamiento y creación de celebridad, versus el libro como producto que veíamos en la suite integrada de productos.

Son dos cuestiones muy diferentes. Una es un producto cuyo objetivo es captar un cliente, pero este libro que queremos posicionar es nuestra tarjeta de presentación. ¿Por qué? La gran mayoría de las personas que comandan mayores precios y que son reconocidas como verdaderos expertos en sus diferentes campos de acción, siempre son autores publicados de un libro.

La buena noticia es que aquellas épocas en que tenías que publicar un libro físico eran prácticamente imposibles, del otro mundo, no todo el mundo lo podía hacer. Hoy en día existe mucha tecnología y tú mismo puedes ser la editorial de tu libro, tú mismo puedes publicar bajo el sistema que se conoce como publicación bajo demanda y, realmente, lo que estás haciendo en este momento es, si el libro tuviera 100, 120,

150 páginaa, obviamente tiene que ser de muy buena calidad porque, en últimas, lo que queremos con esta estrategia del libro es que el libro se convierta en tu tarjeta de presentación para que te abra puertas o los medios de comunicación. Pero más importante aun, que ese estatus de credibilidad que va a tener el mercado contigo automáticamente se va a disparar hacia el cielo simplemente porque eres un autor.

## Promoción

La cuarta P es la P de promoción. Es muy importante hacer promoción de lo que tú haces, contarle al mundo lo que estás haciendo. Por eso parte de la promoción la haces a través de la prensa, los medios de comunicación.

Tú tienes que aprender a hacer tus boletines de prensa para contar lo que estás haciendo. Por ejemplo, estabas hablando tú del libro, conviertes el libro en un best seller, eres el número uno en Kindle. ¿Quién lo sabe? ¿Tú, tus amigos, tu círculo cercano? No, lo debe saber el mundo y eso se hace a través de los medios de comunicación.

Tienes que convertirte en la persona que más sabe del tema de ese nicho de mercado que estás trabajando para que los medios te busquen, te llame la radio, te llame la televisión, te llamen las revistas especializadas o los periódicos de tu área y te inviten a entrevistas, a programas, etc., que te ayuden a crecer esa credibilidad, esa autoridad que tienes, y te conviertan en una celebridad.

Recuerda que la gente les compra a las personas que más ve, a esas que llegan todos los días a la casa a través de la televisión o que, cuando abres el periódico o la revista, están ahí. Eso genera credibilidad y, desde luego, genera confianza que es lo que hace que la gente te compre.

**Personal**

Y la última P, la última P de estas 5 P de posicionamiento personal, es personal precisamente. Tenemos que crear nuestra marca personal, esa marca que nos diferencia de los demás. Todos tenemos una identidad pero todos somos una marca. Esa es la buena noticia: que, así como existen marcas comerciales que tú sigues, que compras, que muchas veces estás haciendo la compra sin ni siquiera saber cómo es el producto, igual pasa con las personas.

¿Cuántas veces hemos comprado un disco de un cantante que seguimos? ¿Básicamente por qué? Porque creemos en esa marca, todos somos marcas: deportistas, artistas, escritores, pero también personas como tú o como yo nos podemos convertir en una marca, una marca que la gente siga, que la gente le compre y, sobre todo, que se pueda crear esa fidelización que convierta a la persona en un líder de un grupo, de una tribu.

Cuando tú tienes una tribu tienes un grupo de seguidores al cual tienes que liderar y eso te ayuda a ti a posicionarte, a lograr ese nivel de experto. Recuerda que la gente les compra a las celebridades, les compra a los expertos y les encanta seguir a personas que son exitosas. Eso lo logras creando tu propia marca.

Esas son las 5 P, las 5 P del posicionamiento personal. La primera es toda la parte de plataforma, la segunda la parte de producto —lo que también llamamos la suite integrada de productos—, la número tres son las publicaciones, la cuarta P la de promoción y la última P, personal o la creación de tu propia marca personal.

El desarrollo de cada una de estas P va a lograr que puedas convertirte en una celebridad , recuerda que no basta con ser el árbol más frondoso, debes convertirte en el más visible. Tu puedes ser el mejor profesional de tu área, pero si los posibles clientes no lo saben, no lograrás tener el éxito que esperas tener. Tu puedes lograr que la gente te compre sin tener que venderle, cobrar más alto por tus servicios o productos, si eres ese árbol más alto, la montaña más visible.

# Soy Un Experto

*Por* Álvaro Mendoza

### Quiero ser un experto

Este libro que comienzas a leer tiene un objetivo: convertirte en una celebridad en tu nicho de mercado. Quizás te estés preguntando ¿pero qué es una celebridad además de un famoso que ves en las revistas o por televisión? Una celebridad también significa posicionarte como el experto o especialista número uno de tu nicho de mercado o de tu industria. De esta manera, cuando la gente esté pensando a quién debe acudir, tú serás la primera persona que se le venga a la mente.

En este libro te vamos a dar las principales técnicas, estrategias, trucos que nosotros mismos hemos usado. Primero, es importante explicarte cuál es la misión de un experto. Podrá haber muchas interpretaciones, pero para nosotros un experto o celebridad en el mundo del marketing, de los negocios o empresarial debe ser el de inspirar a otras personas cómo mejorar sus vidas y ayudarlas a que alcancen sus metas. Un experto es una persona que tiene cierta habilidad o conocimientos extraordinarios en un campo determinado.

Todas las personas somos expertas en algún campo, solo hay que encontrarlo. Y si aún no sabes en qué eres experto, tienes que pensar qué conocimientos te gustaría transmitir a un público objetivo si lo tuvieras delante. Este libro puede ayudarte a abrir un poco la mente para que detectes cuáles son aquellas destrezas que tienes y que podrías compartir en tu nicho de mercado para posicionarte como experto y generar ganancias.

Para poder ser un experto usted tiene que ser una persona en la que la gente pueda confiar. No sólo hace falta un buen producto, ya sea físico o conocimientos. Las empresas grandes, pequeñas y medianas tienen que generar esa confianza y credibilidad para que la gente tramite su compra. Lo mismo tiene que suceder con un experto.

En Maestros de Internet llenamos el auditorio. ¿Por qué vinieron tantas personas? Porque los participantes confiaron, no solamente en nosotros o en los expertos, o en los conferencistas. Confiaron también en ellos mismos y en el potencial que tenían. Para poder ser una persona creíble, tenemos que ser una autoridad en la materia, no basta con ser un teórico. Hay que ser experto, pero demostrarlo con conocimientos y con buenos productos.

Seguramente has visto el caso de gente que dice: "Yo soy un experto en redes sociales, le voy a administrar la red social". Y después les preguntas: "Bueno, ¿cuál es su página en Facebook?". Y sorprendentemente, no tienen página en Facebook o tienen dos seguidores. ¿Cómo vas a posicionarte como un experto si no tienes la autoridad moral y práctica para hacerlo?.

Una de las analogías que nos gusta contar, y que seguramente la habrás escuchado es la siguiente: ¿De quién quieren aprender a montar a caballo? ¿De una persona que monta a caballo todos los días o de una persona que, no solamente monta a caballo todos los días, sino que todos los días enseña a otros a montar a caballo? ¿O una persona que solamente se ha leído un libro de cómo se monta a caballo? No hace falta responder.

Por lo tanto, no podemos pretender convertirnos en un experto en nuestra industria solamente a nivel teórico, sino que tenemos que tener la autoridad para poder ganarnos ese posicionamiento en el mercado.

El hecho de posicionarnos como expertos en nuestro nicho de mercado realmente es un tema de marketing. Y el marketing también es cuestión de percepciones. Realmente no importa lo que tú vendas: lo que importa es cómo lo vendes, cómo te posicionas.

Para poder ser realmente una autoridad, uno tiene que ser la persona que define y marca pautas. Esta parte es muy importante, porque el que lidera o el que tiene esta credibilidad será el que marque las tendencias del mercado. Analizar el mercado en el que quieres entrar o donde quieres hacerte más fuerte es fundamental. Hay que mirar a los grandes y descubrir por qué ellos lo están liderando. Mira lo que hacen bien, tómalo en cuenta y mejóralo. Así conseguirás en poco tiempo estar entre esos líderes. Nunca olvides que siempre es recomendable trabajar también en equipo para aprender de otros que te rodean.

Y ahora, la pregunta que te estarás haciendo es: ¿cómo podemos cobrar nosotros por nuestra experiencia o por nuestro expertise? ¿Eso habrá quien lo compre? La respuesta es sí. A los expertos o gurús se les paga. Porque guían a otras personas, ayudándoles a encontrar un camino a seguir en su vida y en sus negocios. Un experto, al fin y al cabo, es similar a la figura del coach personal, puesto que una de sus misiones es guiar a otras personas y hacerlas descubrir una nueva perspectiva.

¿Cómo puede un experto ayudar a una persona a que realmente mantenga el enfoque y la concentración? Básicamente él tiene que haber tenido la experiencia previa. Una persona que realmente es experta es una persona a quien seguramente ya le ha ocurrido ese error, ese problema y ha sabido levantarse y solucionarlo. Y no solamente se ha caído una, sino que se ha caído dos, tres, cuatro o cinco veces, pero ya ha aprendido que tiene que volver a levantarse y cómo hacerlo.

Si quieres aprender a correr y apenas eres un bebé, tienes primero que aprender a gatear, luego a balancearte con los dos pies, después a dar un paso y sostenerte. Después ya podrás empezar a trotar. Esto quiere decir que todo tiene un proceso, pero que lo importante es dar esos pequeños pasos que son realmente los cimientos de lo que harás para convertirte en experto. Y la idea es que ese experto eres tú.

### Superando las telarañas mentales

Nuestra experiencia nos ha demostrado que a veces uno no se convierte en experto porque tiene una gran cantidad de telarañas y barreras mentales. Tú puedes tener el mejor conocimiento del mundo, puedes ser todo un experto en tu materia, pero si no eres capaz de compartir ese conocimiento con los demás, no le estás haciendo el bien a nadie. ¿De qué te sirve ser experto si tú mismo no puedes comunicar tus mensajes? Y eso nos ocurre a todos. No todos somos expertos de la noche a la mañana, tenemos que formarnos.

Les voy a dar un ejemplo de barreras mentales. Cuando yo, Álvaro Mendoza, empecé a hacer negocios por Internet, en 1998, tomé el camino fácil. Pensé que podría prepararme para ser experto en marketing, a pesar de que en esa época no había ningún tipo de modelo a seguir. Decidí hacerlo enfocándose al nicho de mercado de hispanos alrededor del mundo. No me metí en el mundo americano a pesar de ser bilingüe. Y no lo hice por una barrera mental. Esas son las que hay que superar.

Logré eliminar esa barrera en enero de 2013. Y entré en el mercado americano por la puerta grande, como consultor en la conocida organización de Dan Keneddy GKIC. Me convertí en un consultor certificado de GKIC. Ahora dirijo el capítulo local de Tampa y todos los meses tengo que dictar una charla de 3 horas en inglés a gente.

Después de la primera charla que dicté en inglés, se me acabó la barrera mental. La destruí. Por eso, ambos estamos absolutamente seguros de que cada uno de ustedes, los que nos están leyendo, tiene algún tipo de barrera que les está frenando. Todos las tenemos. Lo que todavía no saben es que cada uno de ustedes son expertos en algo, pero internamente no creen ustedes que lo son, porque aún no se lo han declarado a sí mismos. Están esperando a que una tercera persona sea la que les diga: "Pedro (o Juan o María), eres un experto". Y eso quizás no suceda pronto. Son ustedes quienes tienen que dar el primer paso.

Lo principal, y lo que hay que hacer en primer lugar es autoproclamarse como experto. Obviamente hay que serlo, pero pada poder serlo primero tienes que decírtelo a ti mismo. Y cuando uno se autoproclama como experto, tiene el poder de crearse el perfil y la personalidad que le interesa. Son ustedes mismos quienes pueden diseñar su perfil como experto y lo que quieren transmitir al mundo.

Muchos de ustedes me llaman El Padrino. El Padrino del Marketing y los Negocios por Internet. ¿Saben realmente de dónde viene el nombre? Fue por culpa de un amigo. Así de sencillo. Estaba con mi amigo Phil Alfaro en un Mastermind, hace unos 6 ó 7 años. En aquella reunión se le ocurrió decir que yo era El Padrino porque fui el primero en los negocios por Internet en español y les he abierto la puerta a muchos otros que han venido después. Me consideran su mentor. Por eso me quedé con el apodo de El Padrino. Cuando mi amigo

Phil empezó a darme a conocer con ese nombre, yo empecé a tomármelo en serio porque los demás ya lo habían hecho.

A lo que quiero llegar con esta historia es a que básicamente uno se puede construir la personalidad que uno quiera y proyectarla. Cuando más auténtica sea la personalidad, mejor. Si realmente quieres convertirte en experto, no subestimes lo que ya sabes y lo que eres capaz de hacer. Lo bueno de todo esto es que es casi una regla. Porque la historia se repite una y otra vez con todo el mundo.

## Empezar por el principio

Cuando yo empecé en esto de los negocios, me decía: "Bueno, quiero empezar un negocio en Internet. ¿Qué voy a hacer? ¿Por dónde empiezo? Será que escribo un libro, será que hago esto, empiezo primero con el blog…". Y al año, cuando aún no me había puesto en marcha, me preguntaban: "¿Y en qué anda?". Yo respondía: "Estoy pensando" o "lo estoy planeando". Está bien pensar las cosas con calma, los objetivos que perseguimos, pero no dejar pasar demasiado tiempo para ponernos en marcha. Y eso les sucede a muchos, que se quedan en la etapa del "pensar", sabiendo que ya tienen los conocimientos suficientes para comenzar, y no pasan a la etapa de "actuar".

Quizás muchos de ustedes que están leyendo estas líneas hayan comprado diferentes productos en Internet para ampliar su formación como expertos en determinada área. Mi pregunta es, después de haber estudiado esos 25 cursos, ¿cuál es el resultado?, ¿qué producto suyo tienen para mostrar? Probablemente muchos respondan no. Por eso, aunque el conocimiento y la sabiduría que podamos adquirir nunca son suficientes, hay que empezar a crear, a producir, a generar ingresos. De hecho, en este negocio, lo normal es entrar rápido y caerse, cometer errores. Porque luego sabes cómo levantarte.

De los errores y fracasos uno aprende, y ya sabemos que eso es una máxima para todo en la vida, no solo para los negocios.

Llegados a este punto te invitamos a pensar qué es lo que te está impidiendo tener un negocio próspero o si ya lo tienes, qué es lo que te hace no llegar al siguiente nivel. Mi primer producto relacionado con el marketing tardé en escribirlo casi un año. Pero lo hice. Cuando escribí el segundo libro solo necesité tres meses. Hoy, 15 años después, soy capaz de poner en circulación un producto en cuestión de horas o pocos días. Eso es a lo que uno llega cuando se forma y adquiere experiencia porque un día por fin decidió tomar acción.

## Nadie te llamará Experto si tú no lo crees

Otra cuestión de vital importancia es que nadie les va a dar un estatus de experto por el simple hecho de entrar en el mercado. Yo, por ejemplo, no tengo ningún título que diga "Padrino o Experto de Marketing por Internet". Pero me autoproclamé como tal. La mayoría de las veces que escuchamos cosas como "El número uno a nivel mundial", "La autoridad mundial número uno" son ellos mismos quienes se han puesto el nombre y el perfil de líderes.

Nadie los va a proclamar como expertos en ningún área. Ustedes tienen que hacerlo, tienen que construir esa personalidad y convertirse realmente en la autoridad número uno en su nicho. La forma en la que pienses de ti mismo marcará tu trayectoria profesional en todos los sentidos. Por ejemplo, determinará cuánto será capaz de cobrar por sus servicios.

Diferenciarse del resto del mundo es fundamental. Y no siempre lo tenemos en cuenta. Por ejemplo, quiero ser la mejor empresa del mundo, pero hago lo mismo que la competencia.

O quiero ser el experto número uno del marketing pero hago lo mismo que otros y no lo mejore. ¿Cómo van las personas a recordarte o a querer tus productos antes que otros, si haces lo mismo que todos los demás? Hay que marcar la diferencia, y para conseguirlo, también hay que rodearse de personas diferentes a ti, ajenas a tu nicho de mercado incluso, para que puedas compartir experiencias y aprender de ellas.

Por ejemplo, el año pasado por mi cumpleaños hice algo novedoso. A toda mi lista le envié un email diciendo lo siguiente: "En honor a mis 48 años y durante las próximas 48 horas, les doy un 48% de descuento en cualquiera de mis productos. Se volvió famosa porque a la gente le divirtió y porque tenía una réplica fácil y graciosa. La gente empezó a comentar "Yo mejor espero a que cumpla 85 o 90 años para que el producto casi no me cueste nada…".

Tenemos que ser diferentes, tenemos que aprender de otras industrias, tenemos que dejar de ser incestuosos en el negocio y solamente fijarnos en lo mismo que está haciendo todo el mundo. De hecho, y esta es una máxima que le aprendí a mi mentor Dan Kennedy: la gente que realmente tiene éxito es la gente que hace lo diametralmente opuesto a lo que todo el mundo hace. Entonces, si mi competencia está haciendo una cosa yo tengo que irme completamente al revés. Eso es lo que va a permitirle a uno convertirse en una celebridad en su nicho de mercado.

Desde estas páginas les invitamos a pensar cómo está gestionando su negocio, si está siendo original o por el contrario si está haciendo lo mismo que los demás. Y si son del segundo grupo, pueden ir pensando qué hacer para remediarlo. Si no lo hacen, los resultados que obtengan nunca serán los mejores. Hagan lo contrario a lo que está haciendo su competencia, porque así llegará un momento en el que serán tan diferentes que incluso la competencia habrá desparecido.

Ahora, por ejemplo, se ha puesto de moda que cada uno tenga su show televisivo a través de Internet, con la tecnología de Google Hangout. Puedes encontrar muchísimos shows idénticos ahora mismo en Internet, por lo que para triunfar se requiere ser diferente. No hagas el show con el mismo formato, a la misma hora, con la misma duración, con el mismo color... porque ya no tiene sentido.

Si realmente queremos convertirnos en expertos, nos tenemos que diferenciar radicalmente de todos. Y básicamente, la pregunta fundamental de cara de nuestros prospectos es que ustedes tienen que facilitarle la información para que en el momento en que vaya a tomar una decisión de hacer negocios con usted o con su competencia, usted sea la única alternativa posible; porque usted es completamente diferente, porque usted realmente está ofreciendo lo que esa persona necesita, y eso es lo que todos tenemos que hacer. Y esto es ingeniería, esto es cuestión de construcción de personalidad. Esto no es que yo nací de esta manera, y mi personalidad es muy dada a mostrar mi grado de experticia. No, todo esto puede ser construido desde cero.

Convertirse en experto es una decisión, el problema es que el único que puede tomar esa decisión es usted mismo. Y si no la toman, otros la tomarán por usted y se le adelantarán.

### "Educacción"

¿Quiénes son los expertos o las celebridades mejor pagadas del mundo? Son aquellos que deciden convertirse en maestros. Y por maestros no me estoy refiriendo a profesores de escuela o de universidad, sino a alguien que quiera hacerse un maestro en su arte, en lo que ustedes hacen. Pero todos ellos empezaron desde cero. Si ellos pudieron, tú también.

Todos ustedes seguramente saben cómo se juega al ajedrez, todos saben cómo se mueve el peón, cómo se mueve el alfil, cómo se mueve la reina, en qué consiste el juego, seguramente han hecho algún que otro jaque mate. Pero si se ponen a jugar con el campeón mundial de ajedrez, y ni siquiera el campeón mundial, los van a destrozar. ¿Por qué? Porque no son maestros. Ustedes tienen que decidir convertirse en maestros en sus propios nichos de mercado.

¿Cuáles son las características de estos expertos? Primero, es que son estudiantes consumados. Los que nos convertimos en expertos estamos constantemente estudiando, aprendiendo cosas nuevas. Nosotros no nacimos expertos de la noche a la mañana, ha sido todo un proceso y, de hecho, les garantizo probablemente pocos van a tantos seminarios como a los que vamos Luis Eduardo y yo.

La educación está bien, es fundamental pero no vale de nada si luego decides pasar a la acción. Puede que tu coeficiente suba algún punto, pero de ahí no pasarás. La palabra clave acá es "educacción": educación y acción. Si no pasas a la acción, esa educación no te va a servir de absolutamente pero es que tampoco vas a poder ayudarle a nadie.

Muchos de nosotros, expertos, aprendemos de otros expertos. Debemos estar constantemente buscando saciar esa necesidad de información, hay que aprender de otros expertos, de otras personas, y de otras industrias. Los expertos están constantemente buscando patrones de éxito fuera y dentro de la industria y están constantemente modelándolos. Una mentalidad abierta es la clave del éxito.

Los expertos mejor pagados prestan una atención continuada a su entorno. Quieren conocer el significado de las cosas, cómo funcionan, cómo mejorarlas y cuáles son los resultados. Empiecen ustedes a hacerlo como si fueran niños pequeños inquietos con ganas de aprender.

Otra de las características de los expertos, y esto también es una habilidad adquirida y no algo que sucede de la noche a la mañana, es que si un experto quiere transmitir el conocimiento a otra gente tiene que tener la habilidad de hacer que las cosas complejas parezcan simples.

Estamos en una industria de celebridades, en una industria de expertos en donde los expertos ganan más dinero y es fundamental saber cómo ganamos nosotros el dinero, por qué nosotros escribimos, hablamos, grabamos y empaquetamos nuestros productos, es decir, nuestro conocimiento. Escribimos libros, escribimos reportes, grabamos videos, grabamos audios, hacemos video cursos, hacemos material multimedia; empaquetamos nuestro conocimiento y lo vendemos.

Nos gustaría que empezaran a ver sus negocios de una forma diferente, y de que en vez de leer este libro con ojos pasivos, lo lean desde los ojos activos de qué puedo aprender yo de este señor o de esta señora para aplicarlo en mi negocio. Qué es lo que hay detrás de lo que está haciendo, cuál es la estrategia de marketing que está utilizando, y empiecen a utilizarla. Empiecen a modelar lo que otras personas están haciendo y hagan algo, aunque al principio no ganen un céntimo. No importa, pero hagan algo, véanlo como una perspectiva completamente diferente porque ahí es donde uno realmente crece.

Auto promocionarnos es bueno. Es más, es obligatorio hacerlo. Eso no quiere decir que se les esté mandando e-mails tratando de venderles algo todos los días, porque con eso se logra el efecto contrario. De hecho, la mayoría de los emails que mandan los expertos no son de venta, sino de contenido gratuito y de alta calidad, para fidelizar a los potenciales clientes. Les damos artículos, reportes, audios, videos, teleseminarios gratuitos, hangouts…etc. ¿Por qué? Porque la única forma de poder ganarse la confianza, la credibilidad de las personas antes de que decidan sacar la billetera y comprarte a ti es que necesariamente tienen que confiar en ti.

Tienes que tener mecanismos para que la gente crea y confíe en ti, porque si no lo haces, la gente no va a comprarte nunca. Aunque al ser humano le fascina a comprar, uno no le compra a alguien a no ser que confíe en esa persona, y mucho menos cuando  hablamos de productos de información. Entonces, no nos dediquemos solamente a tratar de promocionar, promocionar y promocionar como lo hace el 98%, ¿por qué? Porque somos expertos. ¿Y por qué? Porque los expertos hacemos las cosas de una forma diferente.

Las otras características de los expertos, y esto es a veces más difícil de asimilar, es que no tememos cobrar tarifas altas por nuestros productos y servicios porque sabemos que lo valemos. Porque nosotros en la industria de expertos estamos en el negocio para ayudarles a otras personas a resolver sus problemas, y cuanto más grande sea su problema, más alto está dispuesto a pagar, porque uno le está dando el resultado.

La gente, cuando me contrata o cuando contrata a un experto, es porque necesita una guía. Necesita una perspectiva, necesita una brújula, pero sobre todo necesita alguien que le ayude a llegar a donde uno quiere llegar. Yo siempre lo he dicho, cuando ustedes compran productos de información realmente no están comprando el libro o el audio, ustedes están comprando la experiencia de otra persona. También están comprando la promesa de algo. Probablemente la promesa de que eso te va a ayudar a convertirte en celebridad.

El tema del precio de los productos es importante tratarlo. Nosotros los expertos no tememos cobrar tarifas altas porque sabemos que el precio realmente es irrelevante. Es un tema de posicionamiento. En el último Maestros de Internet, un 80 por ciento de los asistentes optaron por la modalidad más cara, la modalidad VIP. ¿Qué enseñanza de marketing nos deja eso? Si un 80 por ciento de los clientes dice que está dispuesto a pagar un precio Premium por nuestros servicios, ¿qué es lo que tenemos que hacer el próximo año? Subir el precio a los nuevos participantes.

Todo esto es lo que tienen ustedes que pensar y analizar desde este tipo de perspectivas, porque el tema de precios no es más que un tema de posicionamiento. Cuando tú logras posicionarte a ti o a tu empresa en un nivel más alto que cualquier otra alternativa existente en el mercado, te comprarán más, porque eres diferente. En 2012 el evento Maestros de Internet se llamó "Maestros desde el Paraíso": invitamos a diez conferencistas y cada uno habló de lo que quiso, no había un hilo conductor. En 2013 sin embargo fue "Maestros desde la Alfombra Roja" y tenía un hilo argumental claro, todas las conferencias iban enfocadas a convertirles en celebridades en su nicho de mercado.

Ambos salieron muy bien, pero desde el punto de vista de posicionamiento de  marca o evento nos planteamos: ¿qué es lo más inteligente: lo que hicimos en 2012 o en 2013? Probablemente lo que hicimos el último año, puesto que duplicamos participación. Eran modelos diferentes y funcionó mejor el segundo. Como siempre, la clave está en la diferencia.

# La Gente Compra Marcas

*Por* **Luis Eduardo Barón**

### Crea tu propia marca

En mi primera conferencia en el evento de Maestros de Internet me paso algo que merece la pena reseñar. Ya había dado muchas conferencias sobre cómo empezar un negocio, y esa estaba saliendo muy bien. Cuando terminé la gente se puso en pie y aplaudió mucho. Sin embargo, nadie me quiso comprar. No vendí absolutamente nada. ¿Pero saben por qué? Porque no tenía nada que vender.

Si ustedes están leyendo este libro es porque quieren ganar dinero, o porque tienen algún interés en ayudar a otras personas. Pero en el fondo, la realidad es que todos lo que quieren es mejorar sus vidas. Y para hacerlo tienen que tener productos. Nadie te compra simplemente porque hablas en Internet de un tema interesante. Necesitas una plataforma, como ya hemos visto, pero también crear tu propia marca. Porque la gente compra marcas. Y compra marcas que estén en el Top of mind. Es decir, las tres primeras marcas que se te vienen a la cabeza cuando quieras comprar algo. Si nosotros creamos una marca, nos van a comprar nuestros productos. ¿Y qué van a hacer después? Comprar más productos.

Por eso el punto importante para cualquier experto es saber quién soy, qué quiero ser y cómo voy a crear mi marca. Muchas veces la gente cuando llega y dice: "Voy a empezar un negocio por Internet y voy a empezar a vender mi conocimiento de experto por Internet", no saben qué hacer y entonces empieza a agarrar diferentes habilidades que tiene y se convierte en el experto en redes sociales, más el experto en blogs, más el experto en marketing por Internet, más el experto en tiempo, más el experto en mil cosas más. A la hora de la verdad, ¿termina siendo experto en qué? En nada. A la gente le gusta comprar a los expertos que son expertos en algo. Lo primero que nosotros tenemos que saber es quiénes somos y qué queremos ser.

Si elegimos el nombre de "celebridad en tu nicho de mercado" no fue aleatorio. Hollywood crea celebridades que son héroes y heroínas para muchas personas. Nosotros también podemos hacerlo. Solo hay que buscar en qué podemos ser ese superhéroe. Podemos salvar la vida de una persona, aunque no seamos médicos. Porque al final, salvar la vida también puede ser ayudarla a hacer algo que hasta ese momento no sabía hace. Es cuando te dicen, y lo hacen, "Me salvaste la vida".

Por eso no debemos ser egoístas y pensar que ese conocimiento solo debe quedarse en nosotros y que no hay que compartirlo, solamente porque nos de miedo convertirnos en una celebridad o experto conocido en nuestro nicho.

Las historias, los mensajes, las vivencias, las experiencias y los conocimientos son para compartirlos. Los mensajes personales que ustedes tienen son para compartirlos con el mundo. No sean egoístas. No importa, no sientan que ustedes van a decir: "Qué terrible, todo el mundo va a saber de mí y los medios hablarán de mi". Todo lo contrario, ustedes están leyendo estas líneas para aprender estrategias sobre cómo posicionarse como expertos.

Una vez conocimos a una señora que tenía un talento extraño: enseñaba a bailar a los caballos. Decidió venderlo a través de Internet. Nadie pensó que triunfaría, pero lo hizo. Y ganó 100.000 dólares. Ese día para Álvaro y para mí nació

Los Maestros de Internet. Pensamos que ser experto en algo era importante. Decidimos que podíamos enseñar a otras personas, ayudar a emprendedores y pequeños empresarios a mejorar su negocio o empezar uno nuevo. A ser empresarios con negocios muy exitosos. Y por eso cada uno puede y debe buscar su lugar.

Es importante preguntarse ¿qué hago yo que sea diferente a lo que hacen los demás?, porque la respuesta será la que nos guíe. Cuando entré en el marketing por internet me encontré con un nicho abarrotado de expertos en marketing, en ventas, en posicionamiento. Decidí que yo debía diferenciarme, y basándome en mi propia experiencia, pensé que podía enseñar a la gente a crear sus propios negocios o a mejorarlos.

. Así conseguí estar en un nicho específico y no compitiendo con otros. Todo lo contrario, ahora estoy colaborando con otros porque lo que hacen los otros es complementario. Y además, me he ido guiando por lo que demandaban mis alumnos, mis clientes. Si ellos me hacían llegar una necesidad, yo hacía un producto acorde a su problema y les daba una solución.

**La gente siempre necesita expertos**
Una vez conocí un caso muy curioso. Un plomero que se convierte en experto, que sale en los periódicos y en la televisión. Yo he conocido casos de personas que son plomeros que se han convertido en expertos reconocidos que salen en los periódicos, salen en la televisión, los llama la radio, etcétera. Plomeros. No estoy demeritando la plomería, estoy diciendo que a uno no le cabe en la cabeza que un plomero podría llegar a ser un experto y a salir en la televisión. Pero así es, cada vez que en televisión hacen un especial sobre casas, o sobre reformas, le llaman a él.

Otro ejemplo claro. Cuando se cae un avión, cosa que lamentamos todos, siempre en televisión hay un experto que está contando que ese avión era un 767 que la altitud y la autonomía de vuelo eran tales, que la falla pudo ser del piloto etc. Expertos, todos estamos ávidos de conocer la información de alguien. Y sobre todo, si es de un experto. Ahora que están leyendo, les animo a hacer un ejercicio. Escriban en un papel aquello en lo que son buenos y que puede diferenciarse de lo que hacen otros.

### Vestirse como un experto

Para ser un experto también hay que vestirse como uno. En la televisión norteamericana hicieron una vez una prueba. Un señor con una corbata, un micrófono y una cámara y hacía entrevistas en un centro comercial. Llegaba a la persona y le decía: "¿Qué opina usted sobre que Texas está haciendo los trámites para salirse de Estados Unidos?". La gente respondía sorprendida pero interesada. Se habían creído que eso podía ser un problema en ciernes. Llegaba y le preguntaba a otra persona preguntas absurdas, y la gente las creía. ¿Por qué? Porque era un experto, era un periodista, estaba haciendo una entrevista con una cámara y estaba vestido como tal.

En la segunda parte del experimento pusieron al mismo señor haciendo las mismas preguntas sin micrófono, con una simple libreta y sin corbata: "¿Qué opina usted de que Texas se vaya a separar de los Estados Unidos?". Y la respuesta era otra muy distinta: "¿Está loco? No me quite tiempo". La conclusión es bien sencilla: si ustedes van a ser expertos se tienen que vestir de expertos. O nadie les va a creer. Hay que ser experto, pero también sentirse experto, actuar como experto y vestirse como experto.

Ser expertos y mostrarnos como expertos y crear nuestra propia marca personal. Una marca no es un logotipo, una marca no es un nombre. Una marca es una serie de sensaciones que lo identifican a uno como es uno, que le revelan a uno cómo es, por qué puede uno ayudar a los demás.

Tenemos que crear nuestra marca. Yo siempre me despido de mis conferencias o de mis shows con la siguiente frase: "El éxito es mejor buscarlo que sentarse a esperarlo" Eso es una marca. Porque la gente lo escucha y sabe que es una frase mía. Tenemos que saber imprimir nuestra marca. Nuestra web, nuestras páginas en redes sociales, nuestros artículos o videos, tienen que tener nuestro sello y que al verlo la gente lo identifique con uno, con la marca. Porque a nadie le gusta comprar imitaciones, sino productos únicos.

Yo empecé en este negocio de Internet porque quería escribir un libro, pero no llegué a hacerlo. Cuando lo estaba intentando me di cuenta de que me faltaba algo. Me faltaba la conexión con la gente, me faltaba hablar con el público, me faltaba conocerlos a ustedes. Si alguien compra un libro y lo lee, yo necesito saber quién lo compró, qué pensó del libro, cómo lo puedo ayudar, cómo podemos seguir. No simplemente un libro y pare de contar. eso, cuando descubrí Internet dije. "Aquí está la clave. Tengo la conexión con la gente", y eso es lo que ustedes tienen que hacer: descubrir Internet para conectarse con la gente, para que sea parte de la plataforma para poder transformar sus vidas convirtiéndose en expertos.

¿Cómo creas tu marca? Posicionándote y haciendo las cosas bien y de calidad. No hacer las cosas a medias y dar lo mejor uno. Porque tenemos que ser, si queremos triunfar, el número uno en nuestro nicho de mercado. O al menos, aspirar a serlo. No debería servirnos el dos. El número uno es el que la gente recuerda.

Piensa cómo puedes convertirte en una Celebridad, en ese árbol más visible. En nuestro curso Celebridad Instantánea o en nuestros eventos de Celebridad Instantánea en Vivo hacemos énfasis en esa parte en "copiar" de Hollywood las estrategias de posicionamiento para convertirnos en esa persona que todo el mundo recuerda y le compra.

# Posiciona Tu Producto, No Te Enamores De Él

*Por* Álvaro Mendoza

**El Posicionamiento en tu nicho de mercado**

Ya hemos definido el concepto de experto y celebridad, y les hemos convencido, espero, de que ustedes pueden ser expertos. Pero nada de eso ocurre por azar, uno lo construye. Su posicionamiento de experto es susceptible de ser construido y en este capítulo vamos a descubrir cómo.

Lo primero que tenemos que hacer es apoderarnos de nuestro espacio y convertirnos en un maestro o maestra en nuestras respectivas áreas. Tenemos que adueñarnos de ese espacio. Pero nadie nos lo va a regalar. Tenemos que reclamar ese espacio, tenemos que hacerlo nuestro, pero no solamente a nivel interno. Los demás tienen que saber que existimos, y que hay una nueva celebridad en ese nicho de mercado.

Este posicionamiento de experto es normal que vaya cambiando en la medida en que tu negocio va avanzando. A mí en el año 1998 me conocían como El Padrino, experto en email marketing o boletines electrónicos exclusivamente. Pero he ido evolucionando, mi área de expertise ha ido cambiando y ahora soy considerado un experto en Internet.

Nuestro amigo Phil Alfaro por ejemplo empezó su posicionamiento en el área de "piense y hágase rico"; hoy en día es el Rey de los Hangouts. Patricio Peker empezó hace unos años como un experto en marketing, ventas y negociación —que aún lo sigue siendo—, pero hoy todos lo conocemos como "el vendedor de los huevos de oro". Y así ocurre con la mayoría de expertos.

Ahora, una de las cuestiones bien importantes desde el punto de vista de marketing y negocios es que nosotros tenemos que escoger cuál es nuestro público objetivo. La pregunta fundamental que un empresario o emprendedor debe hacerse es: "¿Qué producto voy a desarrollar?". Y después se pregunta: "¿A quién se lo voy a vender?". Lo correcto es pensar al revés: primero determino a quién le voy a vender, y después decido qué le voy a vender a esa persona.

Muchos también cometemos el error de creer que, cuanto más grande sea el público objetivo al que le vamos a vender, mejor estamos haciendo las cosas. La realidad es que cuanto más nos especialicemos y más pequeño sea nuestro nicho de mercado, mayores posibilidades habrá de incrementar nuestros precios, posicionarnos como expertos y diferenciarnos de toda la competencia.

Es muy importante que no pensemos en términos generalistas —que es lo que siempre pensamos en Internet—, porque a todos se nos vende la idea falsa de que en Internet hay 10.000 millones de habitantes que podrían comprar tus productos, cuando en realidad esa cantidad no te va a comprar porque no todos hablan español, no a todos les interesa el marketing o no a todos les interesa el producto que ustedes ofrecen. Por eso tenemos que reclamar un espacio pequeño y dominarlo, que es mucho más fácil. La frase que tienen que aprender es la siguiente: "Si tratas de venderle a todo el mundo, terminas vendiéndole a nadie". La moraleja es que no debes tratar de venderle a todo el mundo. Debes reducir tu mercado.

Una vez tú sepas el nicho de mercado al que te quieres dirigir y sepas exactamente cuál es el público objetivo que quieres atraer como clientes, es cuando debes armar toda la estrategia de marketing y de ventas. Ahí decides qué es lo que les vas a ofrecer. Para eso puedes pensar en dar respuesta a estas preguntas: ¿cuáles son los problemas que está teniendo ese nicho de mercado? ¿Qué puedo hacer yo para resolver esos problemas de ese nicho de mercado?

Además, cuanto más nos especialicemos, será más sencillo crear una estrategia y vender el producto. Cuando nosotros logramos tener un estatus de experto o cuando logramos tener un estatus de celebridad, ya no tenemos que salir a vender. La gente nos compra y eso produce un cambio radical en la forma en que vamos a hacer marketing.

¿Por qué? Cuando nosotros somos los que estamos saliendo a perseguir a las demás personas para que nos compren nuestras cosas, estamos en una posición de desventaja, estamos en una posición de que estoy tratando de empujar o meter la mano hasta la garganta a la gente para que haga las cosas que uno quiere que haga.

Pero cuando uno ya tiene un estatus de experto, la gente lo busca a uno y le paga altos precios, incluso sin tener que pedirlo. Pagan lo que tienen que pagar y no es por subir los precios artificialmente, sino porque realmente uno está aportando una solución específica para esa persona.

Lo más importante es que, una vez decidamos quién es ese nicho de mercado al que vamos a llegar, tenemos que hacer la respectiva investigación de mercado. Es decir, tengo que saber cuáles son los problemas que está teniendo ese nicho de mercado, cuáles son las ambiciones de ese nicho de mercado. Tengo que analizar qué es lo que la competencia ya le está ofreciendo a nivel de soluciones a ese nicho de mercado, con qué color, sabor, cómo está ofreciendo mi competencia soluciones a ese nicho de mercado.

Tengo que ver dónde están vendiendo y cómo están vendiendo. De lo contrario, estoy haciendo una competencia al vacío y no estoy haciendo absolutamente nada. de los emprendedores cometemos el error de que no investigamos el mercado desperdiciamos mucho de nuestro tiempo tratando de descubrir al azar qué es lo que funciona y qué es lo que no funciona.

Si hacemos la respectiva investigación de mercado, la labor de venta va a ser mucho más sencilla. De hecho, algo que yo quiero que ustedes que están leyendo empiecen a hacer en este momento es que se concentren, sobre todo si están empezando a montar un negocio o a vender un producto, o si son coaches y están tratando de conseguir pacientes, o si son psicólogos y están tratando de conseguir pacientes. No importa de qué profesión se trate, tienen ustedes que analizar el mercado. Tienen que saber qué es lo que los mueve al interior para comprar las cosas. Tienen que hacerse una imagen mental de qué es lo que su público objetivo quiere.

Cuando nosotros escribimos una carta de ventas, no escribimos una carta de ventas ofreciendo un producto tratando de contemplar a la mayoría. Generalmente, cuando yo escribo una carta yo se la escribo a Juan, el avatar de mi cliente, y ese Juan tiene ciertas características. Yo le escribo a Juan aunque sé que todos ustedes lo van a leer. Pero yo tengo que saber cuál es la personalidad de ese Juan y ese Juan engloba, o trata de englobar, el prototipo de sus prospectos. La única forma de conseguir este prototipo es estudiando su nicho de mercado.

Pero ¿qué es lo que hacemos nosotros los emprendedores? Empezamos a ejecutar, sin saber dónde queremos llegar. Como consecuencia nos dedicamos a zigzaguear, avanzar y a retroceder, y nunca terminamos llegando a ningún lado. Por eso es tan importante hacer una investigación del público objetivo, una vez lo hayan definido. Y no solo para determinar los problemas y las ambiciones de los potenciales clientes, sino también para ver qué es lo que les mueve para pasar a la acción y comprar.

¿Por qué? Porque los seres humanos —y este es un secreto que ya no es tan secreto— compramos por razones emocionales en el 99,999% de los casos y, después de haber hecho la compra, justificamos nuestras compras con razones lógicas y nos comemos el cuento nosotros mismos de que compramos lo que compramos por razones lógicas, cuando en realidad la razón de compra fue casi un 100% emocional.

Los mejores vendedores de este mundo, o los mejores especialistas en marketing, son aquellos que saben cuáles son esos botones internos que mueven a que la gente compre. Tenemos que aprender mucho de la psicología de compra, de la psicología del consumidor. En definitiva, no se trata simplemente de hacer un grupo de enfoque, hacer una encuesta, etcétera. Eso sirve, pero no sirve tanto como si realmente decide usted adentrarse en la psicología de esa persona que es la que va a representar la totalidad del mercado.

**Preguntar, preguntar y preguntar…la clave del éxito.**
Luis Eduardo y yo nos hemos preguntado muchas veces ¿qué fue lo que marcó la diferencia entre la promoción de Maestros de Internet 2013 y las de otros años? Llegamos a la conclusión de que fue la telenovela. Es decir, el show de "Hablando con los maestros" que emitimos diariamente el mes antes de la cita de Maestros. ¿Por qué? Porque ustedes nos conocieron de esa forma muy natural. Incluso los que estuvieron el día del hangout de mi cumpleaños soplando la torta virtual y todo

eso. Ese día se dispararon las ventas. Fue un excelente regalo de cumpleaños. Y en 2014, qué hiicimos, comenzamos con una maratón de 24 horas, todo un día completo, un récord Guinness hablando de negocios.

¿Pero por qué también esto tuvo éxito? ¿Qué tiene que ver esto con el mundo de las celebridades y de los expertos? Pues que nadie lo había hecho con anterioridad. Todo el mundo había hecho hangouts o empezaba a hacer hangouts, pero nadie había hecho un show todos los días durante 18 días entrevistando a un experto de una manera muy natural, poco catedrática, básicamente sacando información a los expertos o un evento de 24 horas. Eran, al fin y al cabo, charlas entre amigos. Vieron ustedes una cara que no pueden ver cuando solamente leen nuestros e-mails o cuando solamente ven nuestros videos. Eso logró un factor de posicionamiento que permitió que tantas personas acudieran al evento.

Ustedes, con sus productos, deben hacer lo mismo: preguntarse qué fue lo que pasó para que tuviera más o menos éxito. La investigación de mercado es pues, muy importante. Hay que estar constantemente preguntando y haciendo encuestas en tu mercado. Invariablemente, cuando yo digo esto de la investigación de mercado, siempre me preguntan: "¿Y cómo diablos hago yo para averiguar qué es lo que mi mercado realmente quiere?". La respuesta es muy sencilla: pregúntales. Es tan sencillo como preguntar.

Hay muchas formas de preguntar. Una es de manera directa cuando coincides presencialmente con clientes y seguidores. Pero hay otras formas: puedes pasar, por ejemplo, una encuesta a tus suscriptores. Por ejemplo, cuando Luis Eduardo lanzó la primera versión de Las claves secretas, tanto Luis Eduardo como yo no sabíamos con exactitud cómo se iba a comportar, ni si ese tema en particular era de interés o no de la gente de mi lista.

Luis Eduardo tenía una idea mental de cuál era el producto que quería hacer, yo tenía otra idea, pero esas ideas puede que sean falsas. ¿Cómo lo hicimos? Traten de averiguar cómo puede uno investigar a su mercado. Lo que nosotros hicimos fue mandar una invitación a nuestra gente diciendo: "Vamos a invitarlos a un teleseminario 100% gratuito y vamos a estar contestando tu pregunta más apremiante de cómo empezar un negocio dentro o fuera de Internet".

Nos interesaba saber si dentro de nuestro público también había gente con negocios fuera de Internet, qué tanto de nuestro público estaba interesado en cómo empezar un negocio, no que ya tenían un negocio. Mandamos esa invitación y, en el momento en que se registraban al seminario, hacían su pregunta. A las 24 horas teníamos más de mil preguntas. Con esas mil preguntas, nos sentamos, las leímos y empezamos a encontrar problemas en común. Sabíamos que era ahí donde debíamos dirigirnos.

Estábamos tratando de averiguar cuáles son los problemas del público, cuáles son las ambiciones del público, cuál era el problema más apremiante. Pero lo más importante de todo no era solamente que descubriéramos el problema y las ambiciones, sino que aprendiéramos el lenguaje que utiliza la gente para expresar sus problemas. Y eso es lo que se debe hacer siempre.

Cuando sabemos cuál es el lenguaje que nuestro público objetivo utiliza para describir su problema más apremiante, ¿adónde va a parar eso? A la carta de ventas con la que vendo mi producto o servicio. Lo ideal es utilizar las mismas palabras que usa tu público, para generar una mayor empatía y conexión con ellos.

## Crea tu historia

Entonces, ¿qué es lo que hace la mayoría de los emprendedores por Internet? Muchos creen que tener un negocio por Internet es estar sentado detrás de la pantalla del computador las 24 horas del día contestando Facebook o haciendo Twitter o haciendo cosas que no son lo que tienen que estar haciendo.

Eso no es trabajar. ¿Dónde está el éxito de los negocios en Internet? No está detrás de esa pantalla del computador. El éxito, como todo en la vida, está en lograr establecer y mantener relaciones de mutuo beneficio entre todas las partes interesadas.

Si ustedes leyeron la carta de ventas que preparamos para Maestros de Internet, sabrán que decíamos en uno de los primeros párrafos que este evento ha generado más de un millón de dólares en alianzas y ventas entre todas las personas que han participado antes y participaron la última vez en el evento. Gracias a la gente que ha asistido a nuestros maestros de Internet han nacido masterminds, se han creado nuevas empresas, se han desarrollado productos innovadores y se han creado alianzas estratégicas que han facturados decenas de miles de dólares.

Eso es lo que tienen que hacer ustedes los que nos leen. No es detrás de la pantalla de un computador, no es viendo cómo voy a escribir mi siguiente libro. Ahí nunca está el éxito. Es una cuestión de relaciones. Esto no consiste en mandar e-mails masivos, no consiste en estar haciendo promociones y promociones, consiste en establecer relaciones de mutuo beneficio y saber mantenerlas.

Hay muchos también que solo piensan en ellos, ellos y ellos, pero les garantizo que cuando ustedes se hagan internamente la pregunta: "¿Cómo les puedo yo ayudar a los demás?", se les devolverá con creces. Es importante intentar ver siempre cuál es el valor que puedes aportarle a los demás.

Es importante además que tengan una historia. Cada uno tiene que tener su propia historia, una historia con la que la gente se pueda relacionar y sentir identificado, una historia, como la mía de El Padrino, que sirva para ser recordada.

Todos tenemos historias alrededor de nuestras vidas. Todos hemos tenido éxitos y fracasos, sobre todo fracasos. Podemos tomar ese fracaso y convertirlo en una historia que me permita posicionarme como experto.

¿A qué experto creerían ustedes más? ¿A un experto multimillonario que ha estado en bancarrota dos o tres veces o a una persona que se hizo multimillonaria simplemente porque ganó la lotería? Obviamente, a la persona que lo ha hecho a pulso, que ha estado en bancarrota dos veces y volvió a salir. A la persona que supo sobreponerse al fracaso y crear un negocio de éxito, aunque fuera al tercer intento.

Tenemos que explotar esas historias. Todos las tenemos solo hay que encontrar el ángulo  correcto para que se convierta, no solo en una pieza fundamental del marketing, sino en una pieza que nos permita establecer esa conexión con los potenciales clientes.

Mi definición de marketing, que muchos de ustedes seguramente habrán escuchado, es muy sencilla y es muy diferente a la que aprenderán en los textos universitarios. De hecho, a mí jamás me enseñaron eso. El marketing no es más que conv ertir a un desconocido en un amigo, para después convertir a ese amigo en un cliente, para luego convertir a ese cliente que me compra una y otra vez en una larga relación comercial, para que finalmente esa persona se convierta en un evangelizador de mis productos y mis servicios. Eso es el marketing. Al menos para mí. Ahí yo no les hablé de precio, plaza, promoción, ni de las 4 P del mercadeo, ni de las 3 M del mercadeo. No. El Marketing en Internet es construir relaciones duraderas.

En el evento Los Maestros de Internet pudimos comprobarlo. A la mayoría de los asistentes no los conocía, era la primera vez que los veía. Pero sin embargo, muchos de ellos me vieron y me dieron un gran abrazo, como si fuéramos amigos de toda la vida. ¿Por qué? Porque en realidad ya teníamos una relación, virtual, pero una relación. Y eso es lo que hay que lograr. Cuando dejas de mandarle e-mails a tu lista y la gente te reclama porque no le has vuelto a escribir, sabes que estás conectando muy bien con tu audiencia. Si, por el contrario, lo único que haces es mandar un e-mail y todo lo que recibes son quejas de: "¿Por qué me sigue mandando basura?", sabes que no estás logrando una relación.

En definitiva, como han ido notando, el marketing no se aprende con teoría, se aprende con la práctica o analizando lo que otras personas exitosas, que ya han tenido éxito, han hecho. Ustedes sigan esas huellas. Porque el éxito deja huellas, tal y como decía bien siempre Jim Rohn. Ustedes lo único que tienen que hacer es seguir las huellas, las huellas de esas personas, de esa persona que ustedes quieren como ideal para ser exitosos.

Por otra parte, es importante recordar que si estamos en el negocio de proveer soluciones a problemas o ayudar a la gente a resolver sus problemas, tenemos que crear efectivamente esa solución. ¿Por qué? Porque, si a usted le pagan, es por proveer una solución a un problema, no solo por darle conocimiento a la gente.

### Nunca te enamores de tu producto

Nada de esto ocurre en un vacío. Para poder conseguirlo tiene que construir una plataforma, un sitio web o similar. Porque hoy en día si no tienes un sitio web, no existes. Tienes que tener presencia en las redes sociales, tienes que grabar videos, tienes que compartir conocimientos de alta calidad. Tienes que ir construyendo tu propia red dentro de la red, tus propias propiedades dentro de Internet.

Uno no tiene que construir ese tipo de infraestructura que le permita tener su imperio de experto. Hay que saber hacerlo de la forma correcta, porque uno de los grandes errores que hoy en día ha traído esto de las redes sociales —y no es para demeritar a las redes sociales—, es que la gente perdió el foco. La gente cree que, si tiene 20.000 fans o amigos en Facebook, ya se volvió millonario de la noche a la mañana sin hacer nada. Es falso. Una cosa es tener 20.000 amigos en Facebook que ninguno te va a comprar, y otra tener un sitio web o un blog donde la gente te está buscando constantemente por información, donde se suscriben a tu lista de suscripción voluntaria del e-mail, donde asisten a tus teleseminarios.

No deben perder el tiempo. Con esto no quiero decir que no deban ustedes tener una estrategia en redes sociales, que por supuesto deben tenerla, quiero decir que primero lo que debe ir primero. Mi plataforma. Sin ella no podemos utilizar la. herramienta número 1 del marketing por Internet: el e-mail marketing; no la cantidad de fans que tengan, no la cantidad de twits que tengan. De hecho, piensen por un momento: para abrir una cuenta en YouTube o en las redes sociales, ¿con qué se abre? Con una cuenta de e-mail.

Ojo, es importante reconocer que ninguna de estas afirmaciones es absoluta. Por ejemplo, si mi público objetivo es adolescente, ¿para qué le voy a llamar o a mandarle una carta? Porque jamás la va a leer. A lo mejor tampoco el email marketing es la mejor solución para ellos, y sí lo son las redes sociales. Con esto quiero decir que es muy importante adaptarse al público objetivo y encontrar la plataforma más adecuada para él. Lo que funciona para mí quizás no funciona para ti; lo que funciona para ti puede no funcionar para mí. Decidirlo es cuestión de pensar una estrategia y ponerla en práctica.

Una vez tengan claro su público objetivo, su plataforma definida, su posicionamiento decidido, sus productos en marcha, que a nadie le de vergüenza promocionarse. . Tienen que promocionar con fuerza y sin compasión sus productos y sus servicios. Uno tiene que sentirse orgulloso de lo que tiene, de lo que diseña y de lo que vende. Pero no se enamore de su producto, nunca. Quizás les suene algo contradictorio, pero tiene su explicación.

Cuando uno crea su primer producto y no lo saca al mercado inmediatamente, sino que espera a que esté perfecto, pasa demasiado tiempo y cuando decide hacerlo ya está desactualizado. Se enamoró tanto del producto que no lo "soltó" a tiempo. O saca un primer producto y se enamora tanto de él que nunca deja de mejorarlo, olvidándose de crear otros diferentes y aburriendo a su público. La gente siempre espera de ti que inventes cosas nuevas.

Todo esto solo funciona si uno se acostumbra a publicar y promocionar contenido gratuito de alta calidad. Es la única forma en que ustedes se pueden posicionar como expertos porque, si ustedes no dan nada gratuito y solamente es publicidad y publicidad, cómpreme y cómpreme, la gente perderá todo interés. El contenido de calidad debe ser el rey. O sea, tienen que dar información de contenido y el contenido es el rey. El contenido es lo que mueve a que tomemos acción o no tomemos acción.

¿Por qué les gustó a ustedes el "Show de los Maestros" o la telenovela o la serie de hangouts? Porque durante esas charlas dimos 26 horas de contenido 100% gratuito. Otras personas a veces no dan contenido o se guardan lo mejor de su contenido porque creen que lo mejor tiene que ser de pago, cuando, por el contrario, no es raro que nosotros revelemos nuestras mejores estrategias 100% gratis, porque mentalmente la gente dice: "Si esta persona me está compartiendo esta información tan valiosa gratis, ¿cómo será lo de pago?".

**En busca de aliados estratégicos**
Este negocio nunca será el de estar sentado detrás de un computador. El éxito se logra cuando buscas proactivamente aliados estratégicos. Por aliados estratégicos quiero decir personas que lleguen también a tu nicho de mercado, pero que no sean competencia directa tuya, que lleguen al mismo público objetivo pero con soluciones a problemas diferentes a los que tú resuelves. De hecho, esta filosofía es tan diferente en Internet que en los negocios fuera de Internet, que en los negocios off line es muy difícil uno compartir las cosas con la competencia, porque uno cree que le van a robar la propiedad intelectual o cualquier otra cosa.

En Internet nosotros hablamos más de "coopetencia"; es decir, de cómo podemos armar alianzas estratégicas que me permitan cooperar con la competencia para que él crezca y yo crezca. Para que crezcamos juntos cada uno en lo suyo. Ahí está otro de los secretos: tenemos que buscar proactivamente aliados estratégicos.

# Hazte Amigo
# De Los Medios

*Por* Luis Eduardo Barón

## El poder inigualable de los medios

¿Por qué debemos convertirnos en una celebridad? La pregunta del millón es: ¿es importante ser una celebridad o no? Cuando nosotros decimos "celebridad", muchas veces queremos decir experto, persona reconocida.

Les voy a contar una historia, una historia pequeña. Cuando yo llegué a este país, me di cuenta de que no era nadie. Las personas que viven aquí en los Estados Unidos saben que uno no es nadie. Uno llega acá y dice: "Yo era en Colombia..." Era, pero acá tiene que demostrarlo desde cero. Llegué y tardé mucho tiempo en poder comprar una casa porque no tenía crédito. Acá eso es lo peor que te puede suceder. Si uno no tiene crédito, no tiene nada. Entonces, es complicadísimo.

Cuando compramos la casa, nos fuimos nosotros al vecindario y mi vecino muy querido era un señor ya mayor, retirado, miembro de la junta de copropietarios del vecindario. No habían pasado tres días y yo pensaba que ya me llegaba una carta para decirme: "Bienvenido al vecindario. Y en realidad lo que quería decir era: "No ha cortado el prado".

Yo decía: "Pero, por Dios, llevo tres días. Ni siquiera sé si vamos a comprar una máquina". A mí no me gusta mucho hacer esos trabajos pesados. Entonces, no quería comprarle una máquina a mi esposa para cortar el prado y lo que hicimos fue contratar una persona. Contratamos a la persona y esa persona se pasaba un poquito al jardín del vecino y el vecino nos mandó la segunda carta. No habían pasado dos semanas y ya llevábamos dos cartas de la junta del vecindario donde nos iban a sancionar porque estábamos cortando el prado mal.

Yo decía: "¿Pero qué es esto? Es una discriminación. No puede ser que una persona llega y en dos semanas dos cartas por algo que uno no sabía". De pronto nosotros íbamos a empezar un periódico, y el periódico local nos hizo una entrevista porque les pareció interesante que iba a salir al mercado el primer periódico hispano del área.

Nos hicieron una entrevista y nos sacaron en el periódico. Salimos en la primera página en un cuadrito pequeño. Cuando uno sale en la primera página, es hispano y vive acá en esta zona, es porque cometió un delito. Alguna cosa mala hizo. Entonces todos los amigos dijeron: "¿En qué se metió Luis Eduardo?". Me empezaron a llamar para enterarse de por qué salía en el periódico. La cuestión es que colocaron ahí como un avance de lo que iba adentro: una entrevista con una foto muy bonita, en la que salía con mi esposa mostrando el ejemplar del periódico que no había comenzado todavía. Ese día llegué a la casa y me estaba esperando el vecino: "Lo vi en el periódico. Usted es muy famoso, usted es una persona muy conocida". Yo le dije: "Realmente no, ¿está seguro que no pasó nada? ¿cortaron bien el paso?".

Como al mes salí en una revista en Sarasota. En esa revista escogían las cien personalidades de la ciudad y yo salí ahí. No sé por qué pero salí ahí y salía entre las personalidades, entre el congresista, que en ese momento era una señora que se llamaba Katherine Harris que fue la que decidió la elección del presidente Bush, la que dijo: "Ya no se cuenta más", y ganó Bush. Ella era la más famosa del pueblo y yo estaba ahí en la misma lista con ellos, junto famoso autor de libros de terror

Stephen King . Cuando llegué a la casa me estaba esperando el vecino. Me había cortado el prado y me habían arreglado la piscina. Todo porque yo había salido en un periódico y en una revista. Ese día yo dije: "Esto es importante", aparecer en la prensa lo hace a uno importante.

Yo realmente nunca daba entrevistas, no me gustaba protagonizar nada. Siempre he sido una persona que no me gusta estar expuesto a los medios ni nada por el estilo, pero yo me di cuenta, cuando llegué a este país que aquí era diferente, porque lo primero que me dijo el abogado fue: "¿Te han sacado en algún periódico? ¿Has salido en alguna parte?" Y yo todo lo que había hecho siempre había sido anónimo.

Si no es por un recorte de prensa de una vez que me gané un premio, que mi hermana lo mandó a los medios y lo publicaron en el periódico El Tiempo, que es el más importante de Colombia, yo no estaría aquí porque no me habrían dado la visa. Así que a partir de ese día empecé a decirle a cualquier persona que me llamaba para hacerme una entrevista: "¿Cuándo y dónde?".

Todos los recortes de prensa de las entrevistas que me hicieron me sirvieron para mi visa. Me sirvieron para que mi vecino cambiara de idea. Lo curioso fue que tiempo después nosotros nos cambiamos de casa y los que estaban al frente eran también hispanos. Llegaron unos hispanos y les pasó exactamente lo mismo: empezaron a llegarles cartas y cartas. Les dije: "Miren, no se preocupen. Háganse sacar una entrevista en el periódico y solucionan el problema". En parte por eso yo tengo un periódico, para poder sacar a los amigos o al que sea. Es el poder de los medios de comunicación, el poder de la televisión, el poder de la radio, de la prensa, de las revistas, es inmenso.

## Siempre elegimos a una celebridad

Les voy a presentar a Yolanda Vega, una celebridad. Es la señora que cada noche a las diez da los números de la lotería en Nueva York. Es la encargada de decir el número ganador desde hace 23 años. Esa señora es una celebridad, la conocen por la calle y firma autógrafos. La gente hace fila para verla cuando participa en algún acto público. Ella no es una experta, pero sí es una celebridad porque los medios la han posicionado como tal.

Les comento otro caso: ¿saben quién es Peter Higgs? Probablemente no. Fue el Premio Nobel de Física del año 2013. Sin embargo, si le ponen una foto de Kim Kardashian sabrán perfectamente quien es. El señor Higgs el descubridor del fanosos Bosson de Higgs, lo que llaman "la partícula de dios" ha contribuido más a la humanidad que las Kardashian, pero sin embargo a Kim Kardashian la recuerdan más porque sale con muchísima frecuencia en los medios, porque es una celebridad.

Quizás eso puede abrir un pequeño debate entre la credencial y la celebridad. ¿Y quién gana? La celebridad. Supongamos que les digo que cerca de usted está Ban Ki-Moon Secretario General de la ONU, uno de las personalidades más importantes del mundo. Sin embargo, también cerca de usted hay otro coreano muy importante, Psi el cantante del Gangnam Style. ¿Quién es más famoso y reconocido? Psi, concretamente con 2 billones de reproducciones en Youtube. Quizás Ban Ki-Moon sea una celebridad en su nicho, pero el cantante del éxito musical es una celebridad para medio mundo.

¿Ustedes han entendido eso? ¿A ustedes les cabe en la cabeza por ejemplo que un bebé vendiera más de 700 millones de dólares en souvenirs sin haber nacido? Todo porque era una celebridad. El príncipe Jorge de Inglaterra es una celebridad tan famosa como su mamá, su papá o su abuela. Vivimos en un mundo de fascinación por las celebridades. Por ese bebé estaban pagando 14 millones de dólares por la foto; no por el bebé, por la foto del bebé. Es increíble, la gente se sale de este mundo, hace lo que sea. Yo no creo que uno huela a Shakira porque compre el perfume Elixir de Shakira. No es que sea una maravilla de perfume pero es el perfume de Shakira, al que ella le endosa su nombre, su marca, y hay seguidores que se matan por tenerlo. ¿Todo por qué? Porque Shakira es una celebridad.

El mensaje para ustedes es ese: ustedes tienen que venderse como celebridades en su nicho de mercado. Puede que el señor Higgs sea una celebridad entre el grupo de físicos y la señora Kardashian entre el grupo de no sé qué, pero será una celebridad. Lo importante es que al finalizar este libro tengan la idea de que tienen que usar todas las herramientas posibles para convertirse en una celebridad. La prensa, la televisión, la radio, los libros, los blogs, etcétera, son tan importantes porque es la forma que la gente tiene para conocernos. La prensa es la que mueve las masas. Cuando ustedes salen en un periódico, en una revista, la gente cree en ustedes, mucha gente cree en ustedes y dice: "Maria es importante", porque no todo el mundo sale en la prensa.

Lo que tenemos que crear son estrategias para poder salir en los medios. ¿Y cómo se crean esas estrategias? Generando noticia. ¿Y cómo se genera noticia? Cuando hay una noticia importante y nosotros somos los expertos en esa área, tenemos que mandar un comunicado diciendo: "Pasó tal cosa", y destacar qué es lo importante de ese hecho. ¿Qué harán los medios? Publicar la noticia. ¿Por qué? Porque es una noticia que está en ese momento de actualidad y, además, como siempre uno debe incluir un contacto en la nota de prensa, los periodistas pueden acudir a ese contacto para conseguir más información.

Ahí es cuando comienzas a posicionarte. ¿Qué ocurre cuando a ustedes los entrevistan? Que su historia llega a un número de personas que no imaginan. Eso es un poder impresionante y ustedes lo tienen que aprovecharlo. .

## Grandes amigos

¿Por qué deben ser celebridades? Porque a la gente le gusta seguir a las celebridades, no hay nada que hacer o discutir. La gente ente les compra a las celebridades. Por eso Shakira saca su perfume, que uno sabe que no huele a Shakira y de todas formas lo compramos. También lo hacemos con ropa deportiva o interior de actores y actrices. Vivimos en un mundo en el que las celebridades producen fascinación. Y además, siempre las vemos como buenos amigos. La gente se quiere sacar fotos con ellas, quiere su autógrafo, quiere su producto.

Los sentimos como amigos porque los vemos casi todos los días. En nuestro caso, los video cursos son vistos por nuestros clientes y seguidores en cualquier momento, pero nos consta que muchos lo hacen en casa, en familia o en pareja. Cuando uno se mete en la casa de una persona, uno empieza a ser amigo de esa persona. Y ya no hay marcha atrás. Si en algún momento coinciden con esas celebridades, con esos ídolos, querrán estar cerca de ellos. Son amigos y eso es completamente cierto.

A la gente le gusta también relacionarse con celebridades. Es propio del ser humano: nos gusta relacionarnos con personas que son famosas, o por lo menos más famosas que uno. Por eso, tarde o temprano, ustedes tienen que ser líderes y celebridades en su nicho de mercado. Todos somos expertos. Cada uno de ustedes es experto en un tema y tras la leer estas palabras van a salir a aplicar las cosas porque lo más importante no es que digo: "Sí, claro, a mí no se me había ocurrido. Yo puedo ser el experto en ese área", sino que lo hagan.

¿Cómo te puedes convertir en una celebridad? Cuando te asocias con otras personas que tienen ese nivel. Estamos hablando de que no necesariamente es la súper celebridad estilo Gloria Estefan, Shakira, sino la celebridad de su nicho de mercado. Cuando ustedes se asocien con ellos, automáticamente van ganando ese estatus de celebridad.

Para conseguir todo lo anterior, debemos construir una plataforma. Por ejemplo, un libro, un show de televisión, un canal de youtube. Hoy en día es fácil que la gente te conozca en la red. Por eso las redes sociales y las relaciones públicas son tan importantes. Para ello, decídete a ser un experto. Piensa en el mensaje que vas a distribuir y simplemente lánzalo. Cree su plataforma. Tome acción para convertirse en una celebridad. Si no lo hace, otros se le adelantarán y lo harán por usted.

Para ello es importante identificar cuáles son sus potenciales clientes y qué producto necesitan. Sin cliente no tienes nada. La investigación previa a lanzar cualquier producto o plataforma para convertirnos en expertos es fundamental. Así tu producto dará de verdad respuesta a la necesidad del cliente. Y sabrás si lo que quiere se lo puedes dar tú o no. No harás falsas promesas. Lo más importante de eso es que te preguntes, no a quién quieres como cliente sino a quién amarías tener como cliente. Muchas veces la gente se vende por dinero y, cuando uno hace eso por dinero, fracasa. Uno tiene que hacerlo por pasión, uno tiene que hacerlo porque de verdad quiere tener ese cliente.

Tu trabajo desde este moemnto es en la construcción de plataformas que te ayuden a convertirte en ese experto. Recuerda que una plataforma es algo que usamos para sobresalir, esa es la analogía. Nos trepamos en esa plataforma para que nos vean, para ser el árbol más visible del bosque.

Eso lo enseñamos en más detalle en el curso Celebridad Instantánea (www.CelebridadInstantanea.com/curso) y en los eventos en vivo.

# Siempre Aliados, Nunca Competidores

*Por* Álvaro Mendoza

### Fijarse en la competencia para ser mejor

Siempre deben analizar exactamente qué es lo que ya están vendiendo sus competidores, qué es lo que ya están vendiendo para su nicho de mercado, cuáles son las soluciones que están ofreciendo. No solamente para obtener inteligencia de marketing sino para no cometer el error de hacer exactamente lo mismo que está haciendo todo el mundo. Con este análisis es posible tener una idea sobre los precios que ponerle al producto, la estrategia de marketing, etc.

Es importante prestar atención al formato en el que vedes tus productos. Porque el mismo contenido presentado en un formato totalmente diferente puede venderse a precios mucho más altos. El ejemplo típico: ustedes van y compran un libro en la librería. Saben que un libro vale 20 dólares o lo que cueste en la moneda de su país. Si a ustedes les dicen que este libro vale 30, 40 ó 50  no lo comprarán porque el precio les parecerá muy alto. Sabemos que un libro no suele superar los 20 dólares. Pero si ustedes toman exactamente la misma información de ese libro y hacen un audiocurso, por ejemplo, o un audioprograma,  le agregan videos, o hacen un curso semanal donde no solamente van a leer el capítulo sino que van a ampliar el contenido, ya estamos pasando de un producto de 20 dólares a perfectamente uno de 50, 60, 70, 100 dólares.

Acostúmbrense a comprar los paquetes de su competencia, aunque tengan que hacerlo bajo un seudónimo. La verdadera magia y los verdaderos ingresos no se producen con una primera venta sino con todas las ventas que tienen en la trastienda, la segunda, tercera, cuarta y quinta compras que hace un cliente. Así que no hay que desesperar si al principio no va tan bien como queremos.

Si mi competencia no me compra mi primer producto, pues no va a saber qué es todo lo que hay detrás, que generalmente es donde realmente está el dinero. Entonces, acostúmbrense, así sea solamente por inteligencia de mercadeo, a comprar lo de su competencia para ver también cómo manejan el servicio al cliente, ver la velocidad de respuesta, etc.

Es realmente impresionante cómo muy pocos hacemos eso. Nosotros creemos que lo importante es la venta inicial, pero realmente ahí no es donde está el dinero.

Si yo les preguntara así, abierta y públicamente, cuál es el objetivo de una venta, ¿qué me contestarían? Una sola persona. Ganar dinero, es lo que contesta el 99% de la gente. El objetivo de una venta es ganar dinero. Pero la filosofía que yo les quiero enseñar a ustedes, es que el objetivo de una venta es ganar un cliente, incluso no me importa si pierdo dinero en la primera venta o si simplemente fue ras con ras, no gané ni perdí, pero gané un cliente. Si yo le hago el seguimiento adecuado a ese cliente, ahí es donde estará el dinero.

El ejemplo típico, que seguramente habrán escuchado muchas veces —y si no lo repito porque es muy fácil de recordar— es que, si yo necesito ir a comprar un taladro a la ferretería, yo no estoy en busca de un taladro, lo que yo estoy comprando es un hueco. Esa es la diferencia básica entre una característica y un beneficio: yo no quiero que me digan la velocidad del motor ni cuánto consume en gasolina, etcétera, sino el beneficio por ejemplo de comprar un carro, un automóvil, que ahorrara gasolina, cuál es el beneficio en ahorros por ejemplo en un año o cuestiones por el estilo.

Tenemos que ver cuáles son los beneficios, tanto los que nosotros les ofrecemos a nuestros clientes, como los que la competencia les ha estado ofreciendo a sus clientes. Puede que les estén ofreciendo algunas cosas que nosotros no hemos visto y podemos modelar o darle alguna característica diferente. También hay que analizar los temas en los que trabaja nuestra competencia, porque seguramente hoy yo estoy dejando de lado ese tema o tengo que diferenciarme dándole otro ángulo.

La otra cuestión bien importante es que analicen cuáles son las bonificaciones o los bonos que les están entregando cuando compran un producto. Lamentablemente los bonos están desprestigiados porque han sido muy mal utilizados, sobre todo en nuestro nicho de mercado. Seguramente ustedes han tratado de comprar algunos productos y les dan 25 bonos que no tienen absolutamente nada que ver con la compra inicial. Eso realmente no es un bono, eso es material de relleno que no está aumentando el valor percibido de un producto sino que, por el contrario, lo está disminuyendo. Aun así tenemos que tener bien presente que los bonos sí son importantes, pero los bonos tienen que estar estrictamente relacionados con lo que estoy ofreciendo, tienen que ser un complemento, un suplemento, y no simplemente un material de relleno.

Hay que dedicarle bastante tiempo a eso porque la forma en que uno comunica su mensaje de ventas es casi más importante que el producto. Por eso, la construcción de la oferta es donde más debe uno invertir su tiempo porque la oferta es lo que hace que algo se venda o no se venda y en la parte de la oferta están incluidos los bonos.

## El mejor precio

Respecto a los precios, hay un error que todos hemos cometido al principio. Y es pensar que si quiero competir, tengo que bajar los precios y tengo que ser el líder de los bajos precios. Eso no tiene sentido para un empresario pequeño como nosotros dentro de una estrategia de marketing.Cuando nosotros somos los líderes en nuestro nicho de mercado con los precios bajos, los potenciales clientes pensarán que nuestros productos son de mala calidad, y se irán a comprar a la competencia.

Quizás todos hemos hecho este tipo de cosas en algún punto de nuestras vidas. Por eso hay que ver cuál es verdaderamente la estrategia de precio que queremos proyectar porque, en el momento de comunicar el precio, estamos comunicando mucho más que el precio. Detrás del precio hay toda una estrategia y hay que analizar los precios propios y los precios de nuestra competencia.

En Internet a mí me han plagiado los productos, me han sacado copias desmejoradas de las cosas que yo he hecho y me da risa cada vez que esto me ocurre. Quizás más de uno ha escuchado la historia: yo tenía por ejemplo un club de marketing y cobraba determinada suma mensual. Ese club lo empecé en 2003 o y en 2005 me sacaron una competencia. Mientras que yo lo vendía a 47 dólares mensuales, este lo sacó a 10 dólares mensuales.

¿Qué hice yo? ¿Qué habrían hecho ustedes? Muchos habrían entrado en pánico. Lo que yo hice fue inmediatamente duplicar el precio y, a partir de ese momento, la membresía de mi club empezó a costar 97 dólares mensuales y, los que ya venían pagando 47, se mantuvieron. Esta persona creyó que me había hecho el golazo del año y resulta que todo lo contrario. ¿Por qué? Porque la mentalidad de la gente dice: "Este consultor vale 10 dólares mientras que este vale 97. ¿Quién es mejor?".

Entonces, no siempre tener el precio más económico será lo mejor.

También hay algunas ocasiones en que las ustedes desarrollan un programa o un paquete y saben que es exitoso y ya tiene clientes, y de repente te sale un competidor con la misma oferta. Hay que saber reaccionar. En mi caso, cuando me copiaron por segunda vez mi idea del Club, decidí cerrar sus puertas para hacer un rediseño y abrirlas más adelante con cosas diferentes. No debemos dejarnos intimidar por aquellas personas que nos quieren hacer una guerra de precio porque, en últimas, los que van a perder son ellos. Tampoco queremos entrar nosotros en una guerra de precios para ser el precio bajo porque no vamos a ganar.

Cuando uno es emprendedor, debe quitarse la mentalidad del precio por hora o de que si un libro tiene 200 páginas solamente se vende en 20 dólares. Yo personalmente tengo un libro que tiene 37 páginas y se vende en 37 dólares. ¿Eso quiere decir que estoy vendiendo a un dólar la página? Además es a doble espacio con letra extra grande para que puedan leerlo. ¿Por qué? Porque en esas 37 páginas lo que estoy brindando es literalmente oro puro.

Una de las tentaciones que tenemos los emprendedores cuando empezamos en Internet es escribir un libro pensando que nos vamos a enriquecer con él. Si yo les preguntara cuál es un libro mío, seguramente me mencionarían algunos de los que doy gratuitamente porque el modelo de negocios de vender un libro es un modelo de 1998. Si lo que están haciendo es vender un libro, están quince años atrasados en marketing.

Con ese mismo concepto de vender un libro ustedes pueden crear un curso de cuatro semanas, ocho semanas, doce semanas, y cobrar diez, veinte o treinta veces más por esa información. Cuanta mayor interacción haya con sus alumnos y cuantas más posibilidades de contacto haya con ustedes, así estén dando exactamente la misma información, ustedes pueden cobrar mucho más.

Otra de las cuestiones bastante importantes es que, cuando analicen su competencia, vean con quiénes tienen ellos alianzas estratégicas. Hay muchas ocasiones en que uno quiere hacer una alianza estratégica con una persona determinada porque esa persona tiene una lista muy grande, puede ser una persona muy influyente en el mercado, pero quizás es la más difícil de llegar. Pero quizás el amigo de esa persona sí es una persona que ya conocí en un seminario presencial a la que es más fácil llegar y abrir las puertas por ese camino.

Realmente nuestra labor a la hora de hacer alianzas estratégicas es simplemente la figura de cuando había vendedores puerta a puerta, que iban vendiendo enciclopedias. Nuestra idea es abrir la puerta y poner el pie para poder entrar. A veces abrir esa puerta no necesariamente tiene que ser con la persona que es mi objetivo final, sino que yo me puedo ir por otros caminos.

En una ocasión a uno de mis mentores un cliente de consultoría que le pagaba bastante le dijo: "Yo quiero contactar al gerente de tal empresa porque en tal empresa contratan muchos servicios de capacitación in-company de liderazgo, y yo he logrado entrar a todas las empresas de mi país menos a esa y quiero hacerlo". Lo que hizo esta persona, a raíz de la recomendación que le dio mi colega, fue muy sencillo: Le dijo: "Usted quiere llegar a este empresario. Ok, hágame una lista de diez empresarios más o menos de la misma categoría de esta persona, tan importantes o más, y les vamos a escribir a todos una carta postal entregada por Federal Express. En la carta les vas a decir: Pedro, soy fulanito de tal. Estoy en el proceso de escribir un libro con las 10 principales celebridades de la industria en mi país. Me gustaría contactarlo para entrevistarlo para mi libro".

¿Se le abrieron las puertas o no se le abrieron las puertas? Por supuesto se le abrieron las puertas y no solamente escribió el libro sino que le generó un contrato millonario para hacer las capacitaciones. Por eso siempre hay una opción. Por eso tenemos que buscar cuál es la puerta de atrás.

Lo mismo aplica cuando nos estamos contestando la pregunta: "¿De dónde vienen mis clientes?". Es un error porque la mayoría de la gente no analiza de dónde vienen sus clientes, cuál es la puerta de entrada, y muchos de nuestros clientes entran por la puerta trasera. ¿A qué me refiero con eso? Por ejemplo, ustedes tienen un blog y asumen que la página principal es la puerta de entrada por donde entra todo el mundo y realmente no siempre es así. Es más, quizás ni siquiera te conozcan por tu blog o por tus artículos sino que te conocieron en un medio completamente diferente y tú tienes que estar monitoreando ese tipo de diferentes entradas buscando nuevas alternativas.

Hay más de un camino para llegar del punto A al punto B. Lo que pasa es que somos muy perezosos y siempre queremos el camino más corto. Hay que intentar llegar por el camino más corto pero, si no se puede, eso no debería ser un impedimento. Podemos llegar por la puerta trasera y no pasa nada.

## Lo que puedes vender como celebridad

¿Qué tipos de productos pueden vender ustedes como expertos cuando están vendiendo sus conocimientos? Pueden vender libros físicos, pueden vender libros digitales, pueden vender teleseminarios, pueden hacer un curso que sea en audio, pueden hacer un curso que sea en video, pueden hacer un el club, hacer un híbrido de varios que incluya audios, videos y teleseminarios. Y lo mejor es que todo eso lo puedes empaquetar. Pero además puedes hacer conferencias, puedes hacer seminarios, clases virtuales, un video en DVD o en formato descargable digital, puedes tener un programa de coaching, puedes dar una certificación, puedes crear un mastermind o dirigirlo.

Las posibilidades son bastante amplias. Lo que les quiero mostrar en este punto, aparte de darles una serie de ejemplos, es que no necesariamente siempre tenemos que empezar por la parte baja de la pirámide; es decir, vendiendo productos de bajo precio, que es la tendencia que todos tenemos, empezar a vender un libro de 17 dólares o de 27 dólares y aplazar los productos de mayor precio.

En los Estados Unidos, menos del 2% o 3% de la población gana más de seis cifras al año. La gran mayoría de la población gana menos de 100.000 dólares anuales. Cuando digo menos, no es que hay mucha gente que gana 99.999 dólares al año sino que la gran mayoría gana 20.000, 30.000, y varía muchísimo. Tendemos a pensar que alcanzar la cifra de los 100.000 al año es imposible. Pero no lo es. Incluso se puede ganar muchísimo más que eso y en menos de un año.

Si ustedes vendieran un libro digital y quisieran hacer 100.000 dólares anuales de un producto de 37 dólares, quiere decir que tendrían que vender 2.700 libros al año. Si los divido en doce meses, quiere decir que mensualmente tienen que vender 225 libros para ganar los 100.000 dólares anuales. Ahora, veamos otro tipo de paquetes. Si yo vendo un libro físico como el que todos ustedes recibieron de regalo, que puede costar alrededor de 15 o 20 dólares, si yo quiero ganar 100.000 dólares al año con la venta de ese libro tendría que vender 5000 libros al año, es decir 417 al mes.

La gran verdad de los libros es que hay dos tipos de autores: los autores como los grandes novelistas que venden un millón de copias, pero para los que nos dedicamos al mundo de negocios no solamente es muy difícil, sino que es mucho más inteligente que un libro se convierta en nuestra carta de presentación. La verdad del caso es que la mayoría de los autores reconocidos a lo sumo ganan un dólar por libro. Entonces, si esta persona quisiera ganar 100.000 dólares, un autor normal que se va por una editorial normal, tendría que vender 100.000 libros para poder ganar los 100.000 dólares.

En cambio, con mi estilo de marketing, puedo mandar a imprimir mis libros y la cantidad de clientes que yo puedo conseguir por un libro bien escrito cuyo objetivo sea prospectar y conseguir clientes, a la larga va a ser mucho más de 100.000 dólares garantizados.

Entonces, son dos modelos completamente diferentes. ¿Qué es lo que uno quiere? ¿Ganar los 100.000 dólares o conseguir diez clientes que dejarán 100.000 dólares todos los años cada año? De hecho, más o menos en el año 2000, la meta de los que hacíamos marketing en Internet en el mundo americano era de 100.000 dólares, o sea pasar las seis cifras. Eso era muy difícil hasta que llegó un señor que se llama John Reese que en 24 horas vendió un millón de dólares, vendió mil copias de un producto digital de 1000 dólares. Mil por mil, un millón en 24 horas.

Fue la primera vez que se hizo en la historia de nuestro nicho de mercado en inglés y, a partir de ese momento, se rompieron esas telarañas mentales al poco tiempo había mucha gente que estaba haciendo lanzamientos de cinco millones y de veinte, vendiendo paquetes de información, grabando, escribiendo y empaquetando sus conocimientos y vendiéndolos a lo largo y ancho del Internet. Antes, si uno quería publicar un libro el proceso era muy complejo. Sin embargo hoy en día todo se ha simplificado mucho. Puedes escribir un libro, subirlo a Amazon y venderlo desde allí. Las herramientas, que antes eran solamente privilegio de muy pocos, hoy están disponibles para todos nosotros.

### Diferentes estrategias de venta

Por otro lado, pueden tener en cuenta un modelo donde paguen por sus productos al mes. . Por ejemplo, mi curso de Triplique sus ganancias es un curso de cuatro meses de formación y vale 97 dólares mensuales por cuatro meses o, si lo pagas en una sola exposición, te ahorras una mensualidad. Es que no hay más paz y tranquilidad mental que no tener que empezar todos los meses de cero. ¿Cero ventas? No, si yo vendí hoy cien membresías a 97 dólares son 9700 dólares. El próximo mes, si no consigo más clientes y esos 97 se mantienen, el próximo ya tengo 9700 dólares. Pero si hago marketing y lo hago crecer y crecer, pues el crecimiento es exponencial. Obviamente no quiero decirles mentiras: más o menos el 20% de sus clientes se va a terminar retirando de la membresía tarde o temprano. Incluso a algunos les falta un día para pagar la última cuota y se retiran. Dependiendo de en qué ocasiones, la estrategia compensa.

Los hay quienes deciden que van a vender su conocimiento a través de conferencias. Hay varios modelos. El modelo A es aquel en el que el conferencista se presenta en una empresa a ofrecer sus servicios, le contratan, los da y le pagan la cuantía acordada. Y hasta ahí llegó el negocio. Sin embargo, existe una modalidad B, que lo que busca realmente es educar a la gente, aportarles valor a través de programas de educación continuada. Así como un orador puede cobrar 3000 o 5000 por una charla, perfectamente uno puede hacer en un fin de semana 10, 20, 30 o digamos 3.000 dólares, los mismos 3.000 dólares pero empaquetando sus propios conocimientos.

Digamos que fuera paralelo: una empresa me paga 3.000 dólares por ir a dar una charla y, a la otra, la vendo 3.000 dólares de mis productos en la charla. ¿Cuál de los dos modelos es mejor? Ambos pueden ser buenos porque, si la empresa me sigue recontratando, es un buen modelo de negocio. Por eso todo depende de cómo establezca uno las estrategias de marketing.

Tengo otros cursos que voy a mencionar rápido. Este es un curso de videomárketing que ya no existe. Es un producto de 397 y necesitaría 21 ventas al mes. Uno puede perfectamente tener programas de coaching y uno puede tener mucha variedad de precios en el coaching pero no es raro encontrar clientes que le paguen a uno con mucho gusto 1000, 2000 o más dólares mensuales porque saben que el retorno de la inversión es muy bueno.

Con todo esto lo que quiero es abrirles posibilidades. Debemos mirar las cosas desde una perspectiva diferente, y empaquetar las cosas de manera distinta. Si queremos ser expertos, tenemos que grabar, escribir y empaquetar nuestros propios conocimientos y venderlos en diferentes formatos. Lo más importante de todo es que no podemos pensar en un solo producto, sino que tenemos que crear nuestra suite integrada de productos. ¿A qué me refiero con una suite integrada de productos? Es que, si yo me dedico al marketing y negocios por Internet, mi segundo producto tiene que estar relacionado con el mundo del marketing y los negocios por Internet. No tendría sentido sacar productos de una temática que no tuviera nada que ver con lo que se ha estado haciendo.

Desafortunadamente, ese también fue un modelo de negocios que se implementó en Internet en la época en que eran todos libros digitales: tú te dedicas hoy a un nicho de mercado, lo dominas vendiendo productos de 37 dólares y mañana a otro nicho de mercado completamente diferente. Para nosotros eso es perder el tiempo, porque como hemos ido diciendo a lo largo de este libro, el dinero en Internet está en la lista, en construir una lista, en hacer una relación con esa lista. Es mucho más fácil hacer una lista de un solo tópico que de muchos.

### El marketing de afiliados y la carta de ventas

Por ello les animamos a buscar siempre una suite integrada de productos. Ahora, no necesariamente tiene uno que vender solamente sus propios productos. Cuando uno no tiene productos, puede licenciar los productos de otra persona o empresa o puede hacer alianzas estratégicas con otros profesionales. Se conoce por ejemplo como marketing de afiliados. Si uno vende los productos de otras personas, como son digitales usualmente el porcentaje de comisión es muy generoso. Siguiendo la norma común—aunque no está asentado en piedra— es el que se reparten el 50% de los beneficios.

Hay que saber que el cliente más fácil siempre será el que ya te ha comprado.¿Por qué esto es importante? Lo quiero recalcar: porque uno de los errores que cometemos nosotros —y es por la misma experiencia como consumidores que tenemos— es que, si yo quiero hacer crecer las ganancias de mi negocio, lo primero que se me viene a la mente son dos cosas: bajo los precios creyendo que voy a vender más o, segundo, trato de conseguir nuevos clientes y descuido a los que ya me han comprado.

La verdadera fórmula del éxito y del crecimiento exponencial de un negocio es concentrarse en el cliente que ya me ha comprado porque estadísticamente en varios países está comprobado que es más fácil venderle a una persona que ya te compró. Algunas publicaciones dicen que es de diez a dieciséis veces más fácil venderle a alguien que ya te compró que a alguien que jamás te ha comprado.

El segundo cliente al que es más fácil venderle es el llamado referido. El cliente que lo refirió a uno. Si un cliente ya tuvo una buena experiencia de compra con uno, lo más seguro es que lo vaya a referir. Pero acá ocurre un error: todos creemos que eso se da por arte de magia y eso no funciona así, a no ser que sea una muy buena película de cine que uno se la cuenta a todo el mundo. Por eso, para anticiparnos a lo que pueda pasar, tenemos que crear sistemas automáticos generadores de referidos.

El tercer cliente más fácil para venderle es el cliente perdido. Esta es una de las variables que más descuidamos nosotros. Nosotros siempre estamos concentrados, o en generar nuevos clientes o quizás en generar referidos, pero nunca vemos si un cliente me ha comprado o no me ha comprado. Es un gran error porque tenemos que tener un sistema, preferiblemente automatizado, de reactivación de clientes.

¿Por qué la gente no le vuelve a comprar a uno? ¿Cuál creen que estadísticamente es la razón por la que la gente no le vuelve a comprar a uno? Porque uno los ha abandonado, o por descuido, o porque tú no estás en permanente contacto con esta gente.

Por ejemplo, si ustedes tienen una papelería y venden material de impresión promocional y todas esas cosas,  resulta que tienen un cliente que todos los meses va a imprimir o a sacar las fotocopias por ejemplo. Nunca les va a comprar cualquier otra cosa porque ustedes no le informan de que también tienen otros productos.

Les voy a dar un ejemplo para que vean que uno también comete errores, y errores bastante costosos. En mi club de empresarios, había una persona que llevaba conmigo muchos años. Entró pagando 27 dólares y aunque los nuevos ya pagaban una tarifa más cara, él siguió pagando lo mismo. . Un día esta persona me escribió un e-mail muy orgulloso de sí mismo pero que casi me da un infarto cardíaco.

Lo que me dijo: "Álvaro, tengo que contarle esto porque hoy me siento muy orgulloso. Acabo de hacer una inversión en mi empresa y acabo de contratar a un coach por 10.000 dólares". Y esto me lo dijo después de haber estado conmigo tantos años. Afortunadamente era amigo, ya teníamos algún tipo de relación, y yo le dije a él que debíamos hablar. Le pregunté por qué no me tuvo en consideración para contratarme a mí como coach. Me dijo: "Álvaro, con mucho gusto yo te cuento. Si quieres, cuando quieras me llamas y hablamos". Lo llamé y, muy inteligente, no me quiso responder. O sea, me quiso sacar la respuesta. Entonces me dijo: "Álvaro, ¿por qué crees?" Yo le dije: "Puede ser por muchos motivos. Primero, porque de golpe crees que mis tarifas son tan altas que ni siquiera te atreves a preguntarme. Segundo, porque quizás tú no tengas ni idea de que yo ofrezco servicios de coaching. Tercero: ¿Para qué voy a contratar a Álvaro por 10.000 dólares cuando lo tengo todas las semanas del año por 27 dólares mensuales?" Esta persona me dijo que decidió contratar a otra persona para tener una perspectiva fresca. Ese día tomé la decisión de cerrar el club. Algo no estaba haciendo bien, y además estaba empezándome a pisar mi propio pie.

Así lo hice, y bastó con uno o dos clientes para remplazar todo el ingreso mensual que me producía todo el club. En ese momento se me quitó otra telaraña mental y aprendí que yo también podía cobrar lo que me merecía porque ofrecía un coaching de calidad. En definitiva, hagan exactamente lo mismo. No subestimen sus conocimientos. Nunca lo no subestimen porque todos son expertos y, si no son expertos, están en el proceso de convertirse en uno porque han dado con las personas adecuadas. ¿Sí o sí?

# Lo Que Necesitas Para Triunfar

*Por* Luis Eduardo Barón

**El proceso de creación de un producto**

Hemos hablado de cómo vender productos y cómo los creamos, pero tenemos una pregunta que hay que responder: ¿Cuál es el proceso de creación? Seguramente cuando se vaya a poner manos a la obra dirá: "¡Muy bien y ahora qué!". Tengo que contarte un par de secretos que le ayudarán en su proceso creativo y creo que debe saber un ejemplo que se lo va a poner muy fácil para entender todo lo que viene después.

Yo trabajé muchos años en televisión y aprendí algunas cosas. Me encantaba la parte de programación y me di cuenta de que los canales de televisión se programan de la siguiente manera: en los mejores horarios se ponen los mejores programas. Es decir, en los horarios más rentables se ponen los programas más rentables. Donde la gente ve televisión hay que poner los mejores programas para cobrar más y, desde luego, que nos paguen más. La vida es así.

Nosotros tenemos unos horarios en el día en que somos más productivos y en esos productivos es cuando tenemos que realizar las actividades más productivas. En el curso que saqué hace un tiempo: "Dobla tu productividad " hablo mucho de esto y creo que es imprescindible ser dueños de nuestro tiempo para poder hacer todo lo que nos propongamos en la vida. Hice este curso con un gran propósito: poder organizar su tiempo, para doblar su productividad y tener más tiempo para que pueda crear sus productos. Debería empezar pensando y acostumbrándose a trabajar con algo que creo es indispensable si quiere controlar mejor su tiempo: "Bloques de trabajo".

Por ejemplo, digamos que soy un ama de casa y tengo mis hijos en el colegio. ¿A qué horas voy a poner esos horarios interesantes en que voy a empezar a crear material? No lo voy a colocar a la hora de llegada de los niños porque ahí estoy haciendo otras actividades, pero los niños se fueron para la escuela a las ocho de la mañana. Entre nueve y once es un horario perfecto, dos horas para trabajar y ser más productivos.

Álvaro Mendoza por ejemplo, y Gus Sevilla son personas a las que les encanta trabajar en la noche. Los niños están acostados, ya atendieron a su familia y después se dedican a trabajar, y trabajan hasta la una o dos de la mañana. Para mí, por el contrario, mis mejores horarios son en la mañana. Yo soy más productivo por la mañana que en la tarde.

Yo trabajo los lunes en mi empresa de publicaciones, los martes en mi empresa de Internet, los miércoles en la empresa de publicaciones, los jueves en la empresa de publicaciones hasta el mediodía y los viernes me voy a tomar café con Álvaro o trabajamos en nuestros proyectos juntos.

Si programa su vida de una manera lógica de acuerdo a los mejores horarios colocando las actividades más productivas, puedes crear un esquema para bloquear dos horas, tan sólo dos horas al día. En dos horas o en un día de producción, puede producir mucha cantidad de material, pero si sólo dedica el tiempo real sólo a eso. Por ejemplo: "Voy a sacar los martes y los martes me dedico a producir".

Pero, eso sí, si no emplea tiempo suficiente no va a producir nada. Es decir, yo sé y estoy seguro de que no ve telenovelas, no ve programas que le quitan el tiempo, ni noticieros que repiten malas noticias continuamente, etcétera. Estoy seguro de que si está leyendo esto es porque le gusta emplear su tiempo en capacitarse.

Ahora, dedique también su tiempo a crear productos. Tienes que emplear el tiempo a la capacitación y ejecución. Y una de las partes importantes de la ejecución es hacer productos. Me gustaría hacer un ejercicio cont usted. Quiero que haga un pequeño esquema ahora, en este momento. Saque y ponga: "Lunes, martes, miércoles, jueves, viernes, sábado y domingo".

Y ahora pregúntese:

¿Cuál es el mi mejor horario? A lo mejor dice: "Mi mejor horario son las siete de la noche, ocho de la noche. Ahí soy más lúcido, más productivo". O por el contrario soy mejor por las mañanas. Entonces, si eres más productivo en la mañana, ¿qué es lo que tienes que colocar? Tus actividades más productivas.

Si ustedes quiere ganar dinero siendo experto, creando productos, tienen que usar los horarios más productivos para crear productos que le van a dar dinero. Eso es así de sencillo.

Pero te seguiré contando más. Antes de lanzar un producto básicamente hay que conocer al cliente lo máximo posible. Saber qué es lo que el cliente necesita. Si nosotros no sabemos qué es lo que el cliente quiere, ¿pues cómo le vamos a entregar un producto? Tenemos que saber sus necesidades, sus angustias, preguntarle cómo quiere que sean resueltas.

### ¿Cómo entregar tu producto?
Hay un punto importante en todo esto y  es que tienes que decidir cómo vas a entregar el producto. Todo depende de lo que el cliente quiera y eso tendrías que saberlo antes de lanzar el

producto. Hay que trabajar no para nosotros sino para nuestros clientes. A mí me puede parecer perfecto y precioso, hacer un libro muy bonito y resulta que lo que el cliente quería era un audio porque era un curso de motivación y quería esos audios para ponérselos y en vez tener que leerlos poder escucharlos todos los días desde cualquier lugar.

Si nosotros nos ponemos le intentamos dar el cliente lo que no quiere, ¿el cliente qué va a hacer? No lo va a comprar porque quería otra cosa. Así que hay que escuchar al cliente, hay que saber cómo le tenemos que entregar el mensaje, cómo se lo vamos a distribuir. Básicamente el proceso que yo tengo es usar una escaleta. Una escaleta es como un borrador, un boceto. La escaleta se utiliza muchísimo cuando uno va a escribir.

Cuando tengo que crear algún producto me pongo en una pared que tengo en mi casa a escribir sobre una pared que preparé especialmente para poder pintar, hacer flechas y crear como un mapa mental en la pared con rotulador.

Entonces, lo que yo hago es que escribo y empiezo a decir: "Bueno, este va a tener tantos capítulos o tantos módulos. En un primer módulo voy a sacar esto". Es decir, yo ya conozco lo que el cliente quiere, lo que voy a solucionar al cliente y empiezo a crear esa programación, esa escaleta de ese curso que voy a crear. Empiezo a decir: "El cliente necesita esto. Necesita varios pasos para llevarlos a solucionar su problema".

Usted tiene que crear siempre los productos pensando que el cliente necesita que sea fácil. No hay que complicar la vida al cliente. Cuidado con decirle "Tendrás que hacer esto y lo de más allá". No, el cliente tiene que llegar del punto A al punto B lo más rápido posible y usted está para hacérselo fácil y posible. Y toda esa programación se consigue con la escaleta.

No le ha pasado recibir cursos con decenas de bonos y pensar pero, ¿Cuándo tendré tiempo para hacer todo esto?. Tiene que ser fácil, tienen que crear un producto que diga: "En cinco pasos te voy a resolver tus problemas". Puede que cada paso lo tenga que desarrollar en diez, pero que sea fácil de entender.

Otra cosa que le va a servir serán los bullet points. Son los puntos importantes, estas palabras clave, para desarrollar las ideas. Por ejemplo: "Voy a hacer un curso de ventas. ¿Qué puntos son necesarios y que creo que son importantes para ventas por multinivel? Así puede comenzar a desarrollar. Yo lo que hago, si voy a escribir un video, curiosamente es siempre escribir un libreto o guión. Con ello lo que hago es tener la oportunidad de repetir lo mismo una y otra vez, que sea coherente y consistente.

Saber lo que digo en todo momento me permite ver si funciona lo que quiero transmitir, si gustó lo que dije y poder corregirlo en caso contrario. Un vendedor es un actor y, si el vendedor tiene un libreto y lo sabe interpretar, va a ganarse un cliente.

Cuando la gente me pregunta si en mis vídeos estoy usando un prompter y les digo que sí se sorprenden por la naturalidad de los mismos. SI pone sus palabras , su manera de hablar en lo que hace va a ser natural porque usted mismo lo ha compuesto.

Le voy a dar otro gran consejo que espero no olvide nunca. Cuando tenga ese libreto que le sirva para grabar un video, que le sirva para grabar un audio, para tener un reporte o para escribir un libro, hay que descargar trabajo en los demás. No se ponga a hacer usted todas las cosas. Hay personas que hacen transcripciones, hay personas que hacen videos, hay lugares que simplemente graban el audio, se los manda y ellos lo organizan. Por ejemplo hay una compañía que se dedica a este tipo de servicios, KUNAKI. Todos los DVD's que sacamos tanto Álvaro Mendoza como yo DVD los subimos a este sitio: www.Kunaki.com. Aquí se suben los archivos, se crean los DVD por $1,75 y se los mandan a tu casa en quince días.

Y si necesitamos más producto, ningún problema, un click y llegan a casa, empacaditos, con celofán, muy profesionales. Da un valor añadido. Siempre que se pueda hay que darle un valor añadido porque eso hará que nuestros posibles clientes paguen más por el mismo producto. ¿Por qué no mandamos eso en un drive cuando son productos físicos? Porque la gente le ve un valor si es un DVD si es algo físico y tangible. Soy de los que piensan todavía que somos de la época del DVD, no nacimos en otras.

Mientras no se cambien los estándares todo seguiremos igual. A lo mejor en un futuro estamos regalando el curso en Ipads . Aunque bueno ya hay empresas que lo hacen y eso da un valor percibido más alto. Cuando tú dices: "Entrego mi curso en video, agrego los audios, agrego las transcripciones, agrego esto", da un valor percibido más alto y entonces la gente paga más.

No se ponga usted a hacer las cosas que no saben ni se ponga a comprar el curso para aprender esas cosas. No pierda el tiempo en eso, contraten a alguien que ya sabe hacerlo. El tiempo de ustedes debe estar dedicado a la producción de contenido porque en la producción de contenido es donde está el dinero.

No se ahorren el dinero en: "Voy a comprar un curso de Photoshop para aprender y poder diseñar la carátula del libro". ¿Para qué? Cree el libro y mande diseñar las carátulas. De esta forma cerramos este apartado tan interesante de la programación de su producto. Ahora bien, ¿Cómo mercadear los productos? Aquí llega la parte importante. No sirve de nada sacar un buen producto, bien empaquetado, bonito, si no sabes cómo hacérselo llegar a tus clientes.

### Los procesos del márketing

Los procesos de marketing para hacer que el cliente desee el producto son los siguientes: Una promesa, donde le dices cuál es el beneficio. Da fuerza al problema, el dolor, las frustraciones que tiene el cliente, cuál es ese reto que tiene en este momento. Otro proceso es mostrar por qué tú eres la persona que está tocando ese tema, cuál fue tu historia, cuál fue ese problema que tú tuviste y que lograste solucionar y por el cuál hoy estás tratando de cambiar la vida de otras personas compartiendo esa historia.

Te posicionas como experto y después dices por qué tú. Por qué eres la persona que tienes la credibilidad para que te compren, quién eres tú para estar en este momento haciéndolo. "¿Por qué? Porque lo hice, logré tener éxito, me han entregado premios, logré cambiar la vida de tantas personas", y lo justificas con testimonios.

Otro proceso es por qué te tienen que comprar a ti; si tienes competencia, por qué a ti y no a otro, qué es lo que tú haces diferente, por qué tú eres la mejor opción. El precio por lo general es secundario si tú haces una buena oferta. Cuando tú haces una buena oferta de tu producto la gente no mira el precio, la gente mira el beneficio que van a tener al adquirir tus cursos y productos.

Decía antes que los testimonios son muy poderosos porque, cuando tú tienes un testimonio donde dicen: "Mire, yo tomé el curso y me fue bien…" Mi promesa era doblar la productividad y tengo el testimonio de una persona que dice: "Yo la he triplicado", inmediatamente la otra gente que está pensando en comprar dice: "Si otras personas triplicaron, ¿Yo por qué no lo voy a hacer?" Cuando alguien ya recomienda algo que para uno es desconocido le da confianza y eso hace que compren.

El problema radica de cuando éramos pequeños. Nuestros padres nos decían mentiras piadosas sobre seres como Papá Noél, El Ratoncito Pérez, étc. Entonces, nosotros nos volvimos desconfiados porque decíamos: "Si las personas que más queremos y en las que más confiamos nos dijeron que existía un ratón que venía por unos dientes y encima dejaba dinero por qué iba a confiar en gente que no conozco."

La gente se volvió desconfiada y en Internet aún más porque no se ve a la otra persona. Si tú no ganas credibilidad, si no tienes un video donde la gente diga: "Oiga, yo creo en ese señor. Mire, parece buena gente y sale con la esposa. Bueno, comprémosle".

Yo me acuerdo de que tenía un cliente bien particular en mi revista. El cliente, siempre que sacaba su aviso, decía: "Por favor, póngame la foto con mi esposa y mis tres niñas".

A la gente le gusta ver eso, a la gente le gusta ver la parte humana. Lo único que uno tiene en este negocio es cuidar la reputación y la credibilidad. El día que tú pierdes la reputación, no la vuelves a recuperar. Hoy en día, con las redes sociales, es complicadísimo porque perfectamente la puedes perder y a veces no has hecho nada. Un simple comentario de un malentendido puede hacer que pierdas mucha de tu credulidad así que cuida también tu imagen en redes sociales.

### La llamada a la acción

Hay otro punto muy importante y es el "llamado a la acción". Si en una oferta no haces un llamado a la acción, no tienes absolutamente nada. O sea, cuando tú mandas un correo electrónico y dices que estás ofreciendo un producto pero no dices: "Haz clic aquí para comprar" es como si no hicieras absolutamente nada. Tienes que hacer un llamado a la acción. Decir: "Compra mi producto", porque para eso lo creaste. Si sacaste el tiempo, te dedicaste en cuerpo y alma, y después ni dices cómo, ni dónde, pues la gente no te lo va a comprar.

Siempre en cualquier oferta que tú hagas tienes que tener un llamado a la acción, llámese: "Vea mi video", "deje un comentario" aunque aún estés en prelanzamiento, es importante decir al cliente que tiene que hacer para que no se sienta perdido y sepa que hacer en todo momento.

Si hay dos cosas que la gente siempre busca cuando compra es : ganar algo y no perder algo. O sea, todos compramos porque queremos —dicen los expertos— acercarnos al placer o alejarnos del dolor, pero puede más el dolor de perder algo que el placer de ganar algo. La gente se mueve cuando le dicen: "Oferta por tiempo limitado". "Solo para cinco personas." "Las primeras diez personas que tomen acción van a tener éxito." Eso a la gente le encanta porque dice: "Yo no me puedo quedar atrás. Eso es muy bueno, yo quiero ser uno de los primeros, quiero ser el primero en tenerlo. Es muy bueno el precio, los bonos son muy buenos", y eso es lo que hace que la gente se pare, vaya y compre.

Básicamente es eso. Si no tiene una escasez, no tiene nada. Si dices: "Cómprame el producto", dirá: "Si en cualquier momento lo puedo comprar. ¿Para qué voy a tomar acción en este momento si el precio no cambia, no me dan nada diferente? No pasa nada, lo puedo comprar hoy, mañana, pasado. Tengo otro compromiso hoy, mejor lo compro el otro mes". Cuando tú tienes un llamado a la acción y tienes una escasez, tienes ventas. Cuando no pones escasez, las ventas se van.

Resumiendo todo lo que hablamos anteriormente: la promesa, el problema, el posicionamiento, la credibilidad, la diferenciación —cuando tienes esa proposición única de ventas que te hace a ti diferente a los demás—, una buena oferta, las objeciones, tu llamada a la acción y la escasez.

### ¿Cómo conseguir clientes potenciales?

Hablaremos ahora de cómo tienes que capturar a todas esas personas que están interesadas en tus productos: con una "Página de captura". Pero ¿Qué es esto? La página de captura es donde le dices a la gente: "Déjame tu información. Déjame tu correo para ver este contenido tan interesante que seguro te va a servir". Es una página donde vas a mostrar el contenido que estás prometiendo, una página donde vas a vender, le vas a decir a la gente por qué deben comprar tu producto. Es lo que llamamos la carta de ventas.

Luego, la página donde compras el producto, una página donde agradecemos si compraron el producto y, desde luego, le estamos entregando el producto en la página de descarga. Todo esto lo enlazas con un autorrespondedor, un carro de compras, etcétera. Las personas llegan, dejan su correo y ven el video número 1: contenido. ¿Qué pasaba? Inmediatamente iban a un seguimiento, entraban a un autorrespondedor para ver el segundo video.

El Master para Emprendedores funcionó a la perfección. El cliente iba a una página de compra que hicimos a través de una pasarela de pagos que era ClickBank. La gente llenaba sus datos, entraba después a la página de agradecimiento donde les decíamos: "Muchísimas gracias por la decisión que acabas de tomar", se registraba para crear su usuario y ya podían entrar a ver el primer nivel del curso.

La secuencia de lanzamiento es la parte bien importante. Detrás hubo una gran estrategia. Se lanzó el video uno. Dos o tres días después lanzamos el video dos. Usualmente en los lanzamientos viene el video tres. Por ejemplo: lanzamos un martes, el jueves se manda otro video y digamos que el fin de semana a veces dependiendo del consumo de los videos, porque si la gente no los consumió, hay que esperar a que llegue el fin de semana y que los vean más personas. Pero el martes se lanza el tercer video.

Yo lo que hice fue meter algo ahí intermedio, metí un webinar. Álvaro me regañó. Yo soy un alumno de Álvaro, y lo que podemos aprender lo hacemos de conferencias. Siempre nos conformamos con lo que escuchamos en estos seminarios. Entonces decidí probar algo nuevo y metí un webinar. Ese webinar duró hora y media y en el webinar hice una preventa. Álvaro me regañó y me dijo: "No entendí qué hiciste. ¿Por qué dañaste todo?" La gente estaba acostumbrada a que era video uno, video dos, video tres, carta de ventas, listo. Yo dije: "No, ¿por qué tenemos que hacerlo igual? Probemos, hay que probar, hay que ver qué funciona y qué no".

Entonces dije: video uno, video dos y, como la gente está acostumbrada, vamos a poner un webinar. La gente no se lo esperaba que en el webinar pudiéramos vender. La conversión de los webinars fue bastante buena.

Usualmente hay un video cuatro donde está la carta de ventas. Yo lo hice diferente porque volví a vender en el video tres. ¿Por qué razón? Porque los procesos de ventas en los lanzamientos por Internet son muy cortos y la gente quiere comprar pero a veces no tiene el dinero en ese momento o no vio el correo en ese momento.

Yo lo que quería era que la apertura del carro de compras al cierre fuera más larga y por eso pre-abrí, después lancé el video, seguí con la oferta y al día siguiente mandé correos diciendo: "Ya abrimos".

Aunque no lo parezca hay mucha psicología detrás de los vídeos, hay Neuromarketing, Programación Neurolingüística. En el video uno tenía un fondo verde y corbata amarilla. ¿Por qué razón? Amarillo y verde son colores del dinero y la prosperidad. ¿Qué estaba vendiendo yo? Era el Master para emprendedores, les estaba diciendo que hay que cambiar el negocio, el negocio tiene que ser próspero, tenemos que ganar dinero, etcétera. La corbata amarilla, el fondo verde en el segundo video, los mismos colores. Plano el fondo, casi no había nada. Solamente un pequeño adorno. ¿Para qué? Para que no tuviera detrás cositas y la gente se fuera a distraer mirando. Nada más, fondo claro, liso.

Tercer video, cuando hicimos la venta, color oscuro. Era una especie de café oscuro. ¿Por qué? Era autoridad, yo era la persona que representaba autoridad. O sea, todo estaba pensando. No era simplemente: "Hagamos un video a ver qué pasa". Era un video que tenía muchísimo contenido, donde liberamos muchísimo contenido, donde le contamos a la gente el problema, donde enmarcamos un poco, donde decíamos por qué en este momento, por qué la gente lo tiene que hacer y a la gente le gustó el video.

Luego creé un concurso. Honestamente, el concurso no funcionó bien. Yo probé Facebook y, les cuento, muy pocos resultados en ventas desde Facebook. Había que probar, todo hay que probarlo. Hicimos el concurso, pedimos comentarios y cualquier cantidad de comentarios, 100% comentarios buenos, a todo el mundo le gustó, todo el mundo: "Fabuloso". ¿Eso que hacía? Credibilidad, ganaba credibilidad.

## El Branding del Producto

¿Cómo hice el branding del producto? ¿Cuál fue la marca que usé? 12 claves, en la página www.12claves.com. Yo no hablé para nada del Máster para emprendedores. Estaba vendiendo 12 claves para construir un negocio exitoso, y la gente decía: "¿Qué es lo que va a vender? Había que tener el factor sorpresa. ¿Es un curso? ¿Qué es? Fue algo más, era un máster.

Hicimos en el video tres lo mismo: ofreces la solución, la prueba social, testimonios, personas que ya han tomado los cursos en los cuales estuvo basado este. Hicimos la llamada a la acción, pusimos la escasez, ofrecimos bonos, etcétera.

Usualmente se hace un video donde lo que se dice es como una especie de avance de lo que va a ocurrir. Entonces, cuentan todo, dicen: "Te puedes inscribir a una pre-lista", o: "Vamos a abrir mañana. Tienes que estar pendiente porque a las dos de la tarde, hora estándar del Este, va a ser el lanzamiento".

Yo quería que la gente no se perdiera, que ya empezara a comprar, así que el gran lanzamiento ya había estado, ya íbamos vendiendo. Al día siguiente, directo a la carta de ventas. Ya la gente lo había visto en el video tres, pero la gente que no lo había visto llegó directo a la carta de ventas donde hablábamos de todo esto, donde les decíamos la oferta, donde hablábamos de estos bonos, si quieres ver un ejemplo de una carta de ventas ve a www.CelebridadInstantanea.com/curso.

Todo fue parte de una estrategia. Hicimos el seguimiento y rematamos con algo que habíamos aprendido que existía, Google Hangout. Una herramienta de Google para hacer videoconferencias en directo durante más de cuatro horas. Terminamos con un maratón donde la gente llega, hace preguntas, nosotros podemos hablar e impulsamos la venta.

### Cifras sobre los lanzamientos

Te voy a mostrar algunos resultados en cifras: Abrimos el webinar, 68 ventas el día que abrimos el webinar. Una conversión bastante alta porque no todo el mundo llegó a la hora de la oferta. Era un webinar de hora y media más o menos. Video tres, cuando abrimos la carta de ventas, 41 ventas. Después mandamos la carta de ventas, 70 ventas ese día y empezamos el seguimiento, los correos de seguimiento. El día del cierre, 191 ventas y después reabrimos. ¿Por qué reabrimos? Porque no podíamos dejar en la mesa 111 ventas que quedaban, ¿verdad? ¿Por qué? Nosotros cerramos un domingo sobre las doce de la noche y mucha gente el lunes necesitaba aclarar temas bancarios y de tarjetas de crédito de la tarjeta.

Íbamos a dejar en la mesa 111 ventas. Más de 700 ventas en el Máster para emprendedores, todo porque se hizo una estrategia. No son las herramientas, es la estrategia que uno tiene que usar, saber para dónde va uno, las cosas, porqué hacer una cosa u otra. Definitivamente todo fue pensado. Eso es lo que nosotros hacemos y le enseñamos a nuestros alumnos, estrategias.

Toda esta información yo se la conté a mi grupo de trabajo, mi Mastermind. De este lanzamiento sacamos cosas que se mejoraron de lanzamientos previos y los implantamos en otros después. ¿Adivinas el resultado?, éxito total.Si yo te cuento esto, ¿qué tendré que hacer la próxima vez para que compren? Renovar, ser diferente.

Házlo de la misma manera, crea estrategias, cambia los procesos, cuestiónate: "¿Por qué no hago esto?" Eso es lo que quiero que te lleves de lo que estás leyendo ahora mismo.

# Consejos Finales
# De Un Experto

*Por* Álvaro Mendoza

## ¿Cómo crear el rebaño?

A mí me gusta llamarlo rebaño y es porque me parece que es una muy buena analogía. No es que quiera decir que la gente sean mis ovejas ni que yo soy el pastor ni nada por el estilo.

Vamos a tratar de ver cómo construir nuestro rebaño. Indiscutiblemente, para construir nuestro rebaño tenemos que tener un sistema de prospección; es decir, que tenemos que estar constantemente buscando gente que pertenezca al público objetivo que hemos definido y al cual vamos a llegar para venderle nuestros productos y nuestros servicios.

Todo lo que hagamos para buscar clientes tiene que ser un público objetivo y nadie más. Los demás no nos interesan. Entonces, tenemos que básicamente buscar gente altamente cualificada para poder construir este rebaño. Una vez empezamos a construir este rebaño, necesitamos un sistema de nutrición para alimentar al rebaño.

La forma de alimentarlo es aportando contenido de valor. Por eso es por lo que yo me enorgullezco de Mercadeo Global. Nosotros damos mucho contenido en la forma de audios, videos, reportes, teleseminarios, cursos gratuitos, cursos pagos, y eso es parte de la construcción del rebaño.

Tú tienes que estar constantemente nutriendo a ese rebaño que estás construyendo y no tienes que cometer el error de muchos, simplemente tratan de vender y vender, y eso ya no es construir un rebaño.

Ahora necesitamos un sistema que nos permita interactuar con nuestro rebaño. Es decir, tienes que tener sí o sí tener un blog o una presencia web, si está enmarcado dentro de una estrategia de marketing, tener presencia en las redes sociales, en los foros, participar de teleseminarios y hangouts.

Sí, es necesario y cobra sentido desde una perspectiva de estrategia de marketing estar en todos estos lugares. Quizás el momento de estar en todos estos lugares no es hoy, pero quizás sí cobre sentido en seis meses.

Tampoco trates de abarcar en un muy corto tiempo, estar ya en blogs, Facebook, Twitter y todo lo que se inventen mañana y pasado mañana. Empieza poco a poco, tenemos que empezar con pasos de bebé, tenemos que empezar con nuestras propiedades y, en la medida que se requiera, vamos a ir construyendo nuestra red.

### ¿Cómo unir al rebaño?
La otra parte que necesitamos es una causa. Algo que congregue a ese rebaño. Obviamente necesita algo para promocionar; es decir, necesita un producto o un servicio para ofrecerle a ese rebaño porque no estamos construyendo un rebaño solamente por construir un rebaño, estamos en un negocio y, si en un comienzo no tenemos productos, también podemos ofrecer productos de terceras personas bajo el sistema de afiliados o, por qué no, una combinación de lo uno y lo otro.

En Mercadeoglobal.com yo no solamente vendo mis productos. Un gran porcentaje de mis ingresos también provienen de recomendar productos de otras personas, generalmente de mis aliados estratégicos, generalmente de mis socios, generalmente de personas en quienes yo confío, que gozan de mi confianza y credibilidad.

Ahora, hablando del tema de afiliados, no es fácil conseguir afiliados que promuevan tus productos a no ser que uno ya tenga cierto estatus de celebridad. Algunas personas incluso recurren a chantajes éticos para que uno los promocione. No caigas en la trampa de promocionar a personas en las cuales no confías.

Te voy a contar una anécdota. Hace como cuatro o cinco años, ya no me acuerdo, en una navidad me llegó un paquete muy bonito por Federal Express. Lo destapo y era un iPad. Yo nunca había tenido un iPad, no me llamaba la atención un iPad, me parecía que era un iPhone grande y con el iPhone ya tenía suficiente.

Entonces, nunca lo compré pero me llegó y es un marketer bastante inteligente. Me mandó y me dijo: "Álvaro, este es mi regalo de navidad. Independientemente de que me quieras promover". "Independientemente de que usted me promueva o no me promueva, el iPad es para usted. Le tengo un mensaje donde le explico todos los detalles. En la página principal del iPad haga clic sobre tal ícono y aparece un video donde le explican".

Apenas yo lo abrí, yo ya sabía que mi respuesta iba a ser no. Lástima, porque es una persona que realmente sabe algo de marketing pero, desafortunadamente, ya había tenido la mala experiencia de que cuando lo recomendé no contestaba los e-mails, prestaba mal servicio al cliente y, en últimas, eso me terminaba haciendo más daño a mí. Pero, como el regalo fue sin ataduras, hoy mis hijas son las que usan el iPad. Para colmo de males, nunca lanzó el producto. O sea, recibí un iPad y habría dicho que no, pero el producto nunca fue lanzado al mercado.

Para que veas que hay que ser lo más coherente posible. Todo lo que hagamos tiene que estar enmarcado en una estrategia de construcción de rebaño y de todas las características de que hemos venido hablando durante el día de hoy.

Indudablemente, también va a necesitar las herramientas para poder ayudar a difundir su mensaje. Si no tienen un blog, necesitarán un blog. Si no tienes un autorrespondedor, necesitarán un autorrespondedor para poder enviar emails. Si no tienen conocimientos sobre cómo crear un libro digital, lo pueden subcontratar. Hay que invertir en todo este tipo de herramientas, sobre todo las herramientas que les permiten a ustedes aliviar su carga de trabajo y tener resultados a más corto plazo. Si uno verdaderamente quiere construir un rebaño, es obligado estar ahí cuando la gente te necesita.

Una norma que sigo siempre, si un cliente a mí me pide la devolución, el reintegro de un producto, no dudo en entregárselo de inmediato. He tenido algunos ejemplos en que la gente, como hablo de este tipo de cosas en conferencias, no me cree, me pide el reembolso y hacen apuestas entre sus amigos: "¿Será que Álvaro sí me da el reembolso? ¿Será que no?" Cuando se los doy, pierden ambos la apuesta y me vuelven a pedir un link de pago para pagar. En este punto hay que ser muy estrictos. Si alguien no está satisfecho con el producto o por cualquier razón que sea, hay que indiscutiblemente devolverlo.

Hay ocasiones en que a uno lo contactan y le dicen: "Álvaro, necesito que me devuelva mi dinero porque se me presentó una emergencia familiar y necesito el dinero". No importa la excusa, por eso en las cartas de ventas nosotros decimos: "Con razón o sin razón, igual se los vamos a dar". Conozco muchas personas que son muy buenas para vender, son muy buenas para sacar la plata del bolsillo pero, a la hora de cumplir con las promesas, no lo hacen.

¿Quién, en últimas, es el que se está perjudicando? Tu pierdes 100 dólares, 20 dólares, 30 dólares, 50 dólares, ¿pero el otro qué perdió? Un cliente de por vida y los referidos y es un cliente que jamás será reactivado. Entonces, cuida tu reputación porque de eso depende cómo va a responder tu rebaño en el futuro. Adicionalmente tienes que estar constantemente rompiendo paradigmas y mitos de la industria con frecuencia. ¿Por qué? Porque esos son los que te van a separar aún más de la competencia.

Segundo, nunca hables mal de los demás. Ahora me dirás: "Bueno, Álvaro, pero me ha contado una cantidad de historias de cosas malas". No te he hablado mal de nadie, he contado mi experiencia para que no cometas el mismo error. Yo conozco mucha gente que por delante de mí habla bellezas y por detrás de mí hablan porquerías. A mí no me va ni me viene porque ya por esos períodos pasé hace mucho tiempo, pero yo recomiendo que todos hagamos lo mismo: no hay que hablar mal de los demás.

A mí me cuesta mucho trabajo decir que no, y aprender a decir que no, incluso a tus clientes porque también te tienes que dar permiso de despedir a tus clientes. Si un cliente se comporta mal con usted y no merece ser su cliente, sáquelo rápido porque ese cliente le puede pudrir su rebaño.

Es también aprender a decirles que no a tus aliados estratégicos cuando lo que está tratando de hacer esa otra persona no encaja. No estoy diciendo que sea malo sino que no encaja dentro de tu estrategia. Si es algo que lo va a desviar de tu estrategia y de su plan de acción, es preferible sencillamente aprender a decir que no.

Otra de las cosas que yo he aprendido y mucho es que hay que hacer un calendario anual de marketing. Yo en enero nos reunimos y planeamos qué va a suceder durante todo el año. Obviamente va a haber flexibilidad en las cosas que se van a hacer. De hecho, creo que en el primer semestre se nos cruzaron ciertas cosas que nos revolucionaron todo lo que ya teníamos listo, pero por lo menos teníamos una meta hacia dónde mirar. Entonces, hay que tener un plan.

A mí me da mucha risa cuando a veces lo contactan a uno para que promueva productos de otro; lo contactan hoy para empezar a promocionar algo que lanzan mañana. No está en mi calendario, es imposible. Hay mucha gente que dice que sí porque no sabe qué hacer, porque no tiene un plan de acción y un calendario, que es supremamente importante.

### ¿Cómo hacer llegar mi mensaje?

Básicamente tienes que aprovechar el tráfico orgánico que ya estás generando a través de tus sitios web, de tus blogs, de tus redes sociales, de tus videos, y crear un sistema de prospección, con lo que acabo de hablar, para poder hacer llegar tu mensaje alrededor de todos esos medios.

Obviamente tienes la alternativa de pagar por publicidad. Puedes pagar publicidad en Google, en Facebook, en otras revistas, en listas de distribución, etc. Son formas en que uno puede estar constantemente prospectando.

Mi preferida, y creo que has visto que soy un fanático, son las alianzas estratégicas. Yo creo que una de las formas más fáciles de crecer, y sobre todo en este medio del marketing y los negocios online o por Internet, es la construcción y mantenimiento de relaciones duraderas mutuamente beneficiosas y esas son las alianzas estratégicas.

No conozco ningún método de tráfico que de la noche a la mañana me pueda generar 10, 20, 30o 5000 visitantes a mi sitio web. Con las alianzas estratégicas bien estructuradas yo sé que puedo contactar a todo mi Mastermind y podemos lanzar una campaña y, al siguiente día, tener una campaña de tráfico a mi sitio web de 50, 60, 70.000 personas. ¿Pero por qué? No es que se genere el tráfico de la noche a la mañana, me ha costado quince años construir todas las relaciones. O sea, no es un éxito que se produce de la noche a la mañana, es algo que tienen que empezar a construir.

Bueno, la otra es publicidad gratuita. En español realmente no existe una palabra para publicidad gratuita sino "publicidad gratuita", por lo menos que yo sepa. En inglés existen dos palabras para publicidad: la palabra "advertising", que es publicidad de pago, y "publicity", que es publicidad gratuita. La publicidad gratuita fue una de las que nos estuvo hablando Luis Eduardo, la parte de la generación de las notas de prensa, convertirse en el favorito de los medios de comunicación. Esas son de las minas de oro menos explotadas por los emprendedores. Tienes que buscar constantemente la posibilidad de generar publicidad gratuita utilizando los medios de comunicación.

Lo siguiente es que la magia de todo esto está en el seguimiento. ¿A qué me refiero con el seguimiento? Que muchas personas creen que, para vender en Internet, basta con mandar un e-mail y al otro día toda su lista o su rebaño les va a comprar. Para nada en absoluto. Está probado una y otra vez. Varía mucho de industria a industria pero está muy probado que el 99,99% de sus clientes no te van a comprar en una primera visita.

Tienes que enamorarlo, tienes que generar confianza y credibilidad. Se requieren al menos cinco, seis, siete, ocho, diez o veinte contactos previos en los que uno se debe ganar la confianza y credibilidad de su mercado antes de que decida tramitar una compra.

Uno de los grandes fallos que he cometido es creer que con disparar una vez al blanco es suficiente. Hay que tener secuencias de marketing, como la secuencia explicó antes Luis Eduardo del lanzamiento: video uno, video dos, webinar, video cuatro, y eso puede variar, nada está asentado en piedra. Podemos hacer las campañas de seguimiento de la forma en que queremos.

En mi libro de Los secretos de mi éxito en los negocios en Internet descubro que la gran parte del éxito, está en que tengas un esfuerzo consistente, constante, y todo se va a incrementar, por decirlo de alguna manera. No es hacer acciones aisladas sino que tengo que tener toda la constancia y perseverancia para que todo esto rinda frutos.

Tienes que pensar en dedicarte a actividades que te permitan crear cosas nuevas, crear nuevas relaciones, crear nuevos contenidos, crear nuevos productos, crear nuevas alianzas, crear nuevos sistemas de retención de clientes, crear nuevos sistemas o pulir nuevos sistemas.

También tienes que ser consciente de que la sangre de su negocio está representada en el marketing. Nunca me cansaré de decir esto: la sangre de su negocio es el marketing. Cuando yo le pregunto a alguien a qué se dedica y me dice: "Yo soy odontólogo y además soy muy buen odontólogo", esa persona está respondiendo de la forma equivocada. Tú puedes ser el mejor odontólogo, el mejor abogado, el mejor lo que sea de este mundo pero, si no tienes clientes, pacientes, coachs o a quien vender tus productos y servicios, de nada sirve que seas el mejor del mundo. Absolutamente de nada.

Independientemente de la profesión en la que tú estés, tu negocio real es hacer marketing de tu negocio. Si tú eres un odontólogo, tu labor es hacer marketing de tus servicios odontológicos para llenar tu consultorio de pacientes. Si tú eres un coach, tu labor no es el coaching sino crear los sistemas de marketing que te permitan tener tu coaching siempre lleno, y así en cada una de sus diferentes profesiones.

Por último, obviamente no hay que descuidar la parte de operaciones de cada una de nuestras empresas y este es el porcentaje: a la parte de operación solamente le dedico el 5%; es decir, al día a día eso no lo tengo que hacer yo. Lo puedo subcontratar o tener un porcentaje menor. Al marketing es a lo que yo le dedico el 60% del tiempo. A la creación de productos el 20% y a la parte de generación de estrategias el 15%.

Sin embargo, si ves, estrategia, creación y marketing, básicamente se podrían englobar en una de tal manera que estaríamos hablando de que el 95% del tiempo que tienes que dedicar es a actividades generadoras de dinero o actividades generadoras de cumplir el objetivo que quieres cumplir, sea ganar dinero o sea lograr lo que sea, lo que tenga que ver con tu negocio, y tan solo dejar un 5% a toda la parte de la operación.

Obviamente, tienen que crear la plataforma, tienen que dejar tiempo para crear la plataforma. Hoy hemos visto muchos de los componentes que necesitas para construir su plataforma experta. Tiensn que llegar, hacerlo y empezar. Tienes que empezar a hacer alianzas estratégicas, crear contenidos, capacitarse y, por qué no, participar de grupos de Masterminds y de coaching y estar constantemente capacitándote.

No olvides que esta es la única manera de conseguir un negocio exitoso.

# Lo Último Que Queremos Decirle

Acaba de terminar de leer algunos consejos que te ayudarán a crear tu "Imperio" de experto. Pero no sólo eso, ahora ya sabes los pasos que hemos seguido y que tu puedes emular para llegar a donde hemos llegado.

Estos son nuestros secretos, lo que nos ha hecho alcanzar el éxito. Y decidimos compartirlos contigo. Ayudarte a que mejores tu negocio o empieces uno, ayudarte a que te conviertas e un experto, en una Celebridad Instatánea.

Con estas claves ya no tiene excusas para empezar. Toma acción cuanto antes. De ese paso que no te atrevías a dar por inseguridad o desconocimiento. Si nosotros hemos podido, tu también puedes.

Si quieres saber más puedes ir a www.CelebridadInstantanea.com y ver los detalles.

# Acerca de Álvaro Mendoza

Psicólogo con especialización en Marketing Management y Certified Internet Webmaster que lo acredita como especialista en tecnologías de la información aplicadas al comercio electrónico.

Conferencista. Consultor. Autor de decenas de libros, cursos en audio y video, programas de coaching y conferencias relacionadas con el comercio electrónico, así como infinidad de artículos que se publican tanto en medios tradicionales como en Internet.

Es considerado como uno de los principales expertos del marketing en el Internet Hispano.

Muchos de los expertos de marketing de hoy en día pueden rastrear sus inicios hasta alguna publicación de Álvaro.

Director de MercadeoGlobal.com. Tiene más de 450.000 suscriptores voluntarios a sus diferentes publicaciones de más de 28 países.

Álvaro, prácticamente, ha "apadrinado" a algunos de los más exitosos expertos en marketing de nuestro medio y en este libro desea compartir sus conocimientos contigo y, quién sabe, quizá tú seas el próximo experto en marketing.

# Acerca de Luis Eduardo Barón

Luis Eduardo nació en Colombia y llegó a los Estados Unidos en 1999. Comenzó su propia empresa desde cero, con menos de $1000, en el dormitorio de su casa y en menos de tres años tenía consolidaba la empresa de publicaciones más importante de la Costa Oeste de la Florida, con ventas millonarias y 4 diferentes títulos.

Luis Eduardo es arquitecto, pero toda su vida ha estado vinculado a los medios de comunicación, desde la radio, televisión, impresos y nuevos medios, pero su verdadera vocación es motivar a quiénes lo siguen a comenzar sus propios emprendimientos.

Ha ganado numerosos premios empresariales y periodísticos, como el prestigioso galardón José Martí en dos oportunidades. La Ford Motor Company y AOL Latino lo nombró como uno de los 5 Visionarios hispanos de los Estados Unidos y la revista Sarasota Magazine como uno de los personajes más influyentes de la región al lado de figuras como el escritor Stephen King o el congresista Vern Buchanan .

Barón es el presidente de TV Net Media Group, empresa que publica el periódico 7DIAS, las revistas La Guía del Golfo, La Guía de Tampa y Buen Vivir. Su nueva estrategia es incursionar en el mercado de revistas digitales donde ya tiene una aplicación para la revista La Guía para dispositivos iPad, y 4 nuevos proyectos.

Pero su pasión por motivar el emprendimiento como solución a los problemas económicos en Latinoamérica, lo llevó a incursionar en los negocios en línea en 2011, convirtiéndose rápidamente en uno de los principales expertos de la industria. Ha lanzado varios cursos empresariales por Internet como Las Claves Secretas de un Negocio Millonario, Dobla Tu Productividad, La Estrategia de la Oruga, Véndete Tu Mismo, Secretos de Negocios. Es director del Instituto de Negocios con sede en la Florida contando con más de 600 alumnos en más de 36 países. Es uno de los organizadores del evento de Internet más importante de habla hispana, Los Maestros de Internet y es autor del "Best Seller" 12 Claves Para Construir Un Negocio Exitoso.

Su éxito empresarial lo llevó a contar su experiencia en cámaras de comercio y conferencias para motivar a otras personas a hacer lo mismo que él hizo; es un convencido que la única forma de cambiar la vida y la de los demás es merced a tener su propio emprendimiento. Ese mensaje lo ha llevado a dar conferencias en Estados Unidos y México y a través de Internet a audiencias en más de 40 países en los 5 continentes y cada semana transmite su show de televisión por Internet "Cómo Empezar Un Negocio".

Luis Eduardo ha sido orador en eventos (keynote) y tiene conferencias sobre motivación empresarial, Internet, productividad y mentalidad de éxito.

**Conferencias**
Cómo Empezar Tu Negocio Sin Morir en el Intento
Cómo ganar más trabajando Menos
La Estrategia de la Oruga
Reinvéntate, el secreto que Steve Jobs no te alcanzó a revelar
Véndete Tu Mismo
Internet para Emprendedores
Cómo convertirte en una celebridad en tu nicho de mercado

Luis Eduardo vuela desde Tampa o Sarasota en la Florida

www.ingramcontent.com/pod-product-compliance
Lightning Source LLC
Chambersburg PA
CBHW070820180526
45168CB00002B/691